图解 **精益制造** *016*

工厂
管理机制

イラスト図解　工場のしくみ

［日］松林光男　渡部弘　著

张舒鹏　译

人民东方出版传媒
People's Oriental Publishing & Media
东方出版社
The Oriental Press

目录

前言　001

第1章　工厂是什么 **001**

1-1　工厂对物品赋予附加价值　001

1-2　形形色色的制造业　004

1-3　没有工厂就没有我们的生活　007

1-4　工厂内的主要工作流程　010

专栏1　"虽粗却快"或者"虽精却慢"，该选哪一个　013

第2章　参观工厂——看看商品是如何制成的 **017**

2-1　大工厂与小工厂　017

2-2　钢铁是怎样炼成的　020

2-3　液晶面板是如何制造的　022

2-4　液压挖掘机的制造方法　024

2-5　方便面的制造方法　026

2-6　啤酒是如何酿成的　028

2-7　汽车是如何制成的　030

2-8　螺丝与螺母的制造方法　032

2-9　半导体的制造方法　034

专栏2　变化的足迹　036

001

039 第 3 章　形形色色的生产机制与类型

039　3-1　通过分类了解工厂 I

042　3-2　通过分类了解工厂 II

045　3-3　通过分类了解工厂 III

049　3-4　顾客的等待时间与生产方式

052　专栏 3　工厂仍然是一座"宝库"

055 第 4 章　工厂整体的运作机制

055　4-1　产品最终成形的全过程

058　4-2　工厂的工作如何流动

062　4-3　工厂内全部物品与信息的流动

064　4-4　产品送交消费者的流程

066　专栏 4　在海外设置生产基地会遇到各种麻烦

069 第 5 章　纪实报告——工厂各部门负责人的 1 天

069　5-1　各个部门共同支撑着整个工厂

072　5-2　技术（开发设计）部门的工作

075　5-3　生产技术部门的工作

078　5-4　生产管理部门的工作

081　5-5　采购部门的工作

084　5-6　生产部门的工作

086　5-7　品质管理部门的工作

089　5-8　厂长的工作

专栏 5　检查标准的"软"与"硬"　092

第 6 章　开发设计机制 **095**

6-1　新产品诞生的过程　095

6-2　开发设计的重要性　098

6-3　开发设计的课题与应对　100

6-4　产品管理之 PLM　103

专栏 6　观百元店所感　106

第 7 章　生产管理机制 **109**

7-1　生产管理的具体内容　109

7-2　销售、生产与库存的计划　113

7-3　工厂的作业计划与能力计划　116

7-4　什么是生产管理的基本信息　119

7-5　什么是 MRP　123

7-6　批号管理与序列号管理　125

7-7　通过采购管理合理安排材料　128

7-8　持有库存的利与弊　132

7-9　库存管理的机制与手法　134

7-10　供应链的机制与目的　138

专栏 7　长期在同一职场，从事同一工种容易"生病"　140

第 8 章　今日的生产现场 **143**

8-1　生产现场的意识与状况　143

146　8-2　什么是现场的流程管理

149　8-3　流水车间与作业车间

152　8-4　流水线生产和单元生产

155　8-5　"看板方式"的机制与效果

157　8-6　"安全第一"的含义

160　8-7　5S 活动与 3S 活动

164　专栏 8　你看过电影《超市之女》了吗

167　第 9 章　成本管理机制

167　9-1　成本管理与获取利润的机制

170　9-2　掌握成本的内容和种类

173　9-3　成本管理活动与成本计算

176　9-4　成本改善活动的内容

179　9-5　ABC 成本计算法

183　专栏 9　第 4 种战略——速度经营

185　第 10 章　品质管理机制

185　10-1　品质管理的目的

188　10-2　什么是品质保证（QA）

191　10-3　处理客户投诉

194　10-4　全公司开展品质改善活动

196　10-5　ISO 是世界共通的标准

199　10-6　HACCP 保护食品的安全品质

202　10-7　六西格玛（6σ）管理方法

10-8　日本经营品质奖表彰的是什么　204

专栏 10　美满人生的航海计划　207

第 11 章　自动化与 IT 的应用 **209**

11-1　为什么要发展机械化和自动化　209

11-2　为什么要应用 IT　212

11-3　工厂的基干系统　215

11-4　辅助技术的信息系统　218

11-5　辅助生产管理的信息系统　221

11-6　自动化与信息系统　224

11-7　连接顾客的信息系统　227

11-8　联系贸易伙伴的信息系统　231

专栏 11　大学里的 FD 和品质管理　234

第 12 章　工厂开拓的未来 **237**

12-1　工厂周围状况的变化　237

12-2　亚洲的制造业和日本的制造业　240

12-3　环境与安全的品质标准　244

12-4　工厂今后的职责　247

12-5　今后工厂所需技术的开发　250

前言

当听到"工厂"这个词时,读者们的脑海中会浮现出什么场景?是屋子布满油渍的工厂,是观光旅行时参观的葡萄酒工厂,还是机器人火花四溅地组装汽车的生产线,或是自动化机器飞速运转的半导体车间?

很多人似乎对工厂持有负面的印象——工作危险、严酷、不卫生。还有不少年轻人觉得工厂脏累,所以在择业时尽量避开工厂。虽然现代的自动化工厂既清洁又安全,但是由于涉及企业秘密,我们很难有机会通过媒体等途径了解它们的真貌。同时,生产现场的人们带着自豪感兢兢业业的工作场面很少为世人所知。

我们在日常生活中使用的所有东西都是从工厂生产出来的。其中不乏一些生活必需品,离开了它们就过不了日子。

可以说我们的生活依赖着生产制造业，但对工厂的面貌（生产制造行业）却知之甚少。就连一些就业于制造业的企业、被分配到车间工作的人们，也很难掌握工厂的全貌。而以工厂为顾客跑业务或者向工厂提供服务的人，要想彻底理解顾客的工作内容和要求，更需要花费相当多的时间。

本书就是针对以上人士，以及今后想在相关领域就业的读者们编写的。该书对工厂的机制进行了简要的解说。

写到这里，笔者不禁想起了最近常常听到的一种观点："以前是工业时代，而从今往后则是服务的时代。过去是以农业为中心的社会向以工业为中心的社会进化，而接下来则会向以服务业为中心的社会进化。所以工业就应该交给中国等其他国家来做，日本必须尽早朝着以服务为中心的社会蜕变。"可是这样的想法真的可行吗？

诚然，生产制造行业的单位数量和员工数量都在减少，在解决就业上发挥重大作用的也是商业和服务业。虽然在表面上看来当代社会已经逐渐脱离了工业化，但日本身为一个资源小国，食品和原材料都必须进口的事实是不变的。而负责赚取外汇以保证进口的正是制造行业。尽管员工总数减少了，仍必须通过提高生产率来维持出货的数量。

制造业十分重要，并且面临着各种各样的问题。

例如，当今不再是大量生产和大量消费的时代，因此以满足市场需求为目的进行生产的能力越来越重要。这就意味着必须改变传统的生产机制。

　　另外一点变化是，日本市场已经饱和，如果不着眼海外、特别是亚洲市场，企业就很难发展下去。在全球化的市场中，欧美、中国和韩国都是竞争对手。日本的企业已经迫切地需要放眼世界，在此基础上提高产品策划、供应链、人事、会计等方面的管理能力和运营能力，进而蜕变为全球化的企业。

　　此外，对于环境问题和产品安全等问题，必须加大重视力度，因为这已经成为了关乎企业存亡的问题。

　　笔者殷切地希望制造行业能够克服这些问题，维持国内生产，继续做日本的顶梁柱。本书在简单介绍工厂（生产制造行业）的全貌时，特意述及了以上问题并提出了解决问题的方向。读过此书后，如果大家觉得工厂离自己更近了，笔者将不胜荣幸并深感欣慰。

松林光男　渡部弘

2010 年 2 月

第 1 章
工厂是什么

1-1 工厂对物品赋予附加价值

既然生产制造利用的是地球上的有限资源，工厂就必须保证黑字。

什么是附加价值

有的时候，做饭就像是变戏法一样——做饭的材料在没有入锅之前，有些硬得咬不动，有些苦得让人皱眉头，根本无法下咽。 而这些材料，只需要几十分钟的加工，就能变成香甜可口的美食。

天然的材料，在未经过加工前很难为我们所利用。 这就需要有人为我们"烹饪"，做成一盘可以吃的"菜"。比如铁矿石本身无法用来松土耕地，但只要有谁把它加工成铁锹，我们就可以拿来耕地了。

由此可见，制造业就是对原材料进行加工，使其变成我们可以利用的形式（虽然餐饮业被划分在服务业里，但其工作性质从本质上讲其实属于制造业）。

有一些工厂，比如陶瓷工厂，从原材料（黏土）到最终产品（餐具）进行的是一条龙生产。不过，绝大多数企业从事的是分工制造。比如有些工厂把麦子加工成小麦粉，有的工厂用甘蔗提炼白糖，然后才由下一家工厂烤制出饼干来。

各个工厂有次序地让原材料一步步接近我们能够利用（比如食用）的形式，像前文所述的从麦子到小麦粉，再从小麦粉到饼干的过程。这就叫作"赋予附加价值"（参照图1-1）。

每家工厂的顾客们需要掏钱购买这些附加价值。买小麦粉掏的钱比买小麦的高，买饼干掏的钱又比买小麦粉的高。我们掏钱的多少，是根据附加价值的程度高低来决定的，而不是进行生产制造所花的费用。

工厂必须保证黑字

让我们从另一个角度重新来看一下这个问题。如果一家工厂收益不错，就说明该工厂正在有效率地生产附加价值为消费者所认可的产品。

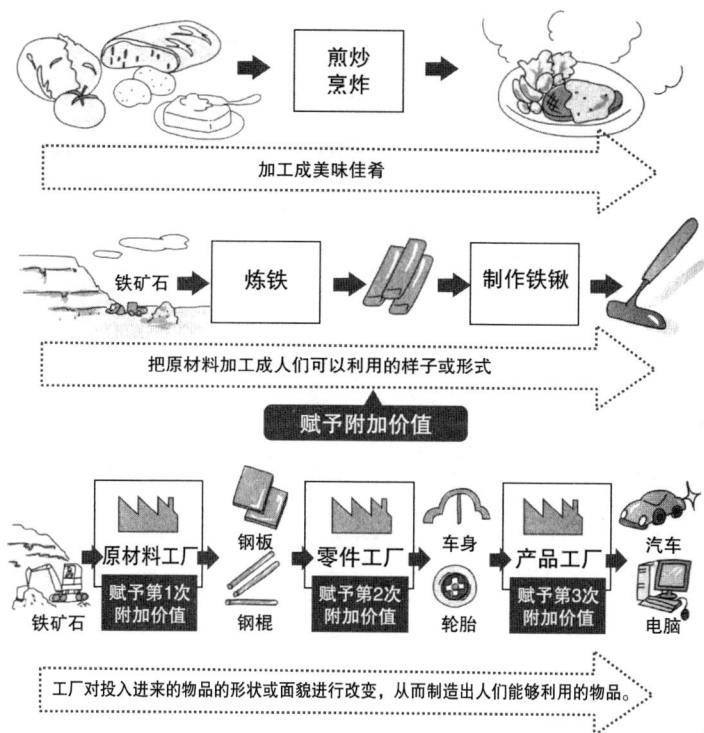

图 1-1 把原材料变成有用的东西

相反，如果一个公司总是出现赤字，则说明这家公司虽然拥有社会的宝贵的人力、物力和财力资源，以及数量有限的原材料，却无法有效率地生产出对我们生活有用的东西。到头来，不过是浪费了人类宝贵的人力、物力、资金和资源。

因此，工厂必须为了实现黑字而努力。因为黑字证明了公司对社会有用，证明公司有存在的价值。相反，产生赤字不仅给股东们造成了损失，还意味着在浪费社会的资源。

为了实现黑字，工厂需要采取各种各样的管理机制。虽然工厂的强弱在根本上取决于制造产品的技术，但只有具备了可以充分发挥技术的管理机制，工厂才能够实现黑字。

关于管理机制，从第 5 章起还会逐一进行解说。这里暂且简单概括为一个词——QCD 管理，即质量（Quality）、成本（Cost）、交期（Delivery）的管理。

质量（Q）并不只意味着产品没有残缺，还表示满足了顾客的期待。成本（C）是指生产时如何最省钱。交期（D）指对产量和交期的管理。

假如有一个物美价廉（即 Q 和 C 都好）的圣诞蛋糕，如果 D 做得不好，比如发货期拖到了 12 月 26 日，那么再好的圣诞蛋糕也没了价值。

1-2　形形色色的制造业

对制造业进行分类后，可以清楚地理解产业结构。

在日本，究竟有多少事务所被归类为制造业呢？根据 2006 年的调查统计，员工达到 5 人或以上的事务所约有 28 万个，几乎是理发店总数的 2 倍。

员工不满 5 人（包含个体经营）的制造业的事务所数量为 55 万个，约为商业的商店总数的一半。而这 55 万个事务所平均每年进行着 110 兆日元（约合 7 兆人民币）的生产活动。

制造业的分类

在制造业中，除了有消费者们所熟悉的生产最终产品的公司，还有为其提供原材料（原材料生产商），以及提供生产设备的公司（设备制造商）。 后两种公司对于一般家庭来说比较陌生，这从学生求职公司的人气排名榜上的名次可以体现出来。

在政府的统计中，制造业被分为 23 个业种，也使我们更清楚地了解什么是制造业（参照图 1-2）。 下面，我们对不易理解的分类名称进行了补充说明。

电器机械器具

其代表是家电生产商，事务所数量最多。 该分类还包括生产电脑、通讯设备、照明器具、发电机以及半导体的厂家。

运输机械器具

其代表是汽车产业，还包括造船业及航空产业，生产铁路车辆或自行车的厂家。

一般机械器具

包括生产建筑机械、农用拖拉机、机床、办公室机器、纺织机以及其他产业用机器的厂家。

金属制品

包括生产螺丝、螺母的厂家及生产金属建材、金属罐、刀具、西餐餐具、铸件等产品的厂家。

精密机械

包括生产医疗仪器、光学仪器（相机等）、测量仪等产品的厂家。

组装型和流程型

参照图 1-2 可知，过去曾是日本产业主力的纺织产业，如今不过在"其他"中占很小一部分。

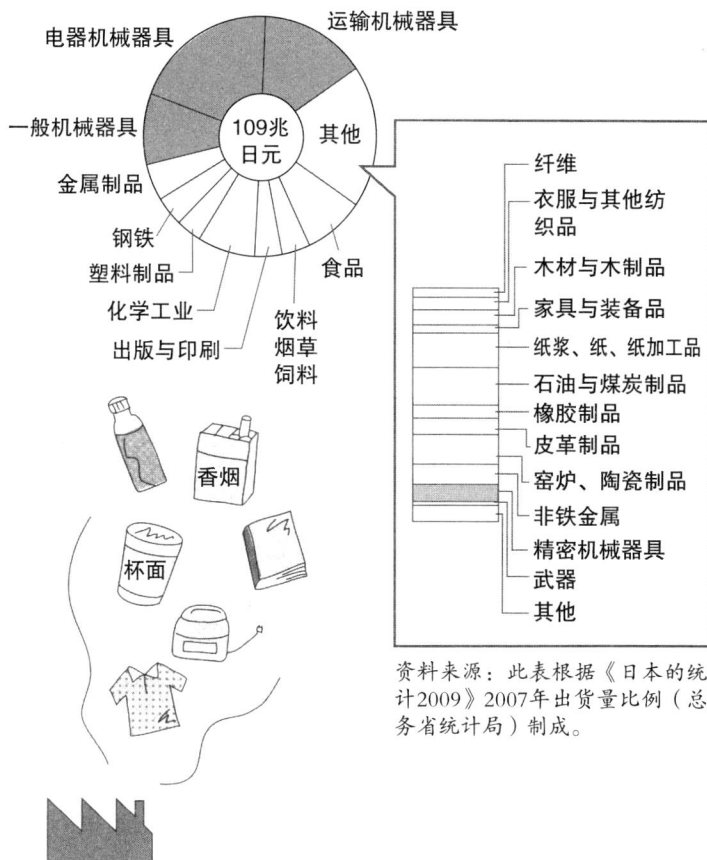

资料来源：此表根据《日本的统计2009》2007年出货量比例（总务省统计局）制成。

图 1-2　制造业中 23 个业种的产出比率

图 1-2 中阴影的部分，被称为"组装加工型"产业。 这种类型的产业把零部件汇集起来进行加工和组装，最终制成产品。 制造汽车和家电就是典型代表。

与组装加工型相对的产业，被称为"流程型"产业。 这一类型的产业通过对原材料进行化学处理后制造产品。 典型代表是石油化工、药品和钢铁产业等。 另外，食品加工也属于流程型产业。

各种不同的组装加工型产业在体系上有很多的共同点，本书将以组装加工型为中心对工厂体系进行解说。 流程型的体系虽然千变万化，但基本框架与组装加工型相同。

1-3 没有工厂就没有我们的生活

在资源稀缺的日本，制造业承担着赚取外汇、创造优质生活的重任。

在日本这个国家，食品、能源（石油及天然气等）、原料（铁矿石等）必须依靠进口。 如果不进口，我们甚至无法维持生活。 而制造业就担负了赚取购买进口品的资金的重任，支撑着日本的发展。

制造业约占日本国内生产总值的 20%（参照图 1-4 所示），较之过去的 25%，占国民生产总值的比重降低了。

约占五分之一的比重绝对不是一个小数目。 但现在从维系社会稳定的就业以及为我们的生活提供必要的物品与服务这一角度来看，商业和服务业才是主角。

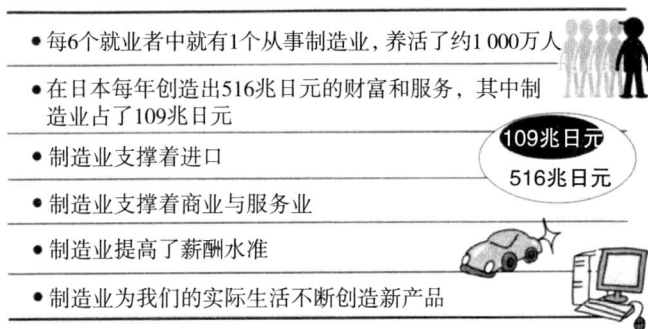

- 每6个就业者中就有1个从事制造业，养活了约1 000万人
- 在日本每年创造出516兆日元的财富和服务，其中制造业占了109兆日元
- 制造业支撑着进口
- 制造业支撑着商业与服务业
- 制造业提高了薪酬水准
- 制造业为我们的实际生活不断创造新产品

109兆日元

516兆日元

图 1-3　工厂(制造业)的作用与功能

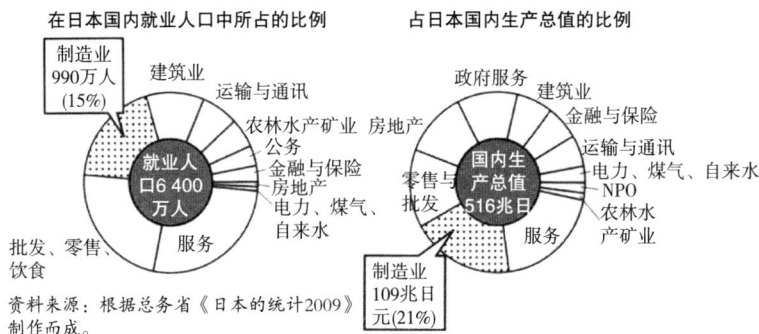

在日本国内就业人口中所占的比例　　　　占日本国内生产总值的比例

制造业990万人(15%)
建筑业
运输与通讯
农林水产矿业
公务
金融与保险
房地产
电力、煤气、自来水
服务
批发、零售、饮食

就业人口6 400万人

政府服务
建筑业
金融与保险
运输与通讯
电力、煤气、自来水
NPO
农林水产矿业
服务
制造业109兆日元(21%)
零售与批发
房地产

国内生产总值516兆日

资料来源：根据总务省《日本的统计2009》制作而成。

图 1-4　日本的制造业与其他行业的关系

制造业支撑着日本的钱包

今天的社会正在逐步脱离工业化，同时向服务经济化转变。在这样的环境中，制造业是否会像一个演出接近尾声的演员，迟早会退出光鲜的舞台呢？

国际收支相当于一个国家的"账本",当我们分析国际收支时,就会看到制造业不同的一面。

日本的进口额超过 70 兆日元(约合 5 兆人民币)。 同时,还有 80 兆日元(约合 5.7 兆人民币)的出口。 有了这些出口才能支付进口所花费的金额,而出口的产品几乎全部是工业制品。

虽然媒体市场会报道说漫画等非制造业的海外收入及境外投资获取的收益在不断增加,然而服务领域的国际收支中仍然有 2.5 兆日元(约合 1 800 万元人民币)的赤字,海外投资获取的收益也只不过 16 兆日元(约合 1.1 兆人民币),根本无法维系进口。

今天的实际情况是,制造业生产的产品的出口支撑着日本的进口,也维系着日本国民的生活。 制造业虽然在就业与雇佣方面让出了主角的地位,但仍然支撑着日本的钱包(国际收支)。

不仅如此,事实上服务业也有很大一部分依赖于制造业。 比如电力、运输、通讯、金融、保险、广告等等,无论在哪一个领域,为制造业的客户提供的服务都占据了巨大的比例。

为制造业的客户提供的服务中,专业性强的高附加值服务所占的比例很大。 所以说,先有了制造业奠定的基础,才会有服务业的发展。

工厂创造了更好的生活

现今，全球化竞争愈演愈烈，亚洲市场蓬勃成长，日本的制造业正在重新构建产品和生产体制。 通过思考分析"生产什么"和"在哪里生产"等问题，设法在日本国内留住开发生产基地，需要举国上下努力对制造业进行变革。

同时，工厂还有提高薪酬水平的效果。 如果劳动生产力不提高，国家的薪酬水准就不会提高。 而制造业伴随着投资，能获得提高劳动生产力的效果。

不仅如此，制造业还通过技术革新改变着我们的生活。正像 Walkman 和 iPod 的出现改变了我们听音乐的方式，小小机身里装下了多种功能的手机、超薄电视机、数码摄像机、DVD 录放机等等，这些在不断改变着我们的生活方式。

策划出这些变化的企业就在我们的身边，所以我们的喜好能够反映到产品上，并能够马上享受到产品带来的便利——这些都是制造业存在于日本的好处。

1-4 工厂内的主要工作流程

工厂里有不同的分工。各个部门之间迅速畅通的协作形成工厂的骨架。

工厂的中心部分是制造产品的现场，即图 1-5 中写有"制造"的部分。 在这里放置着机械和设备，工作人员在此对物品进行生产和加工。 以"制造"为中心，四周环绕着辅助制造活动的各项工作。

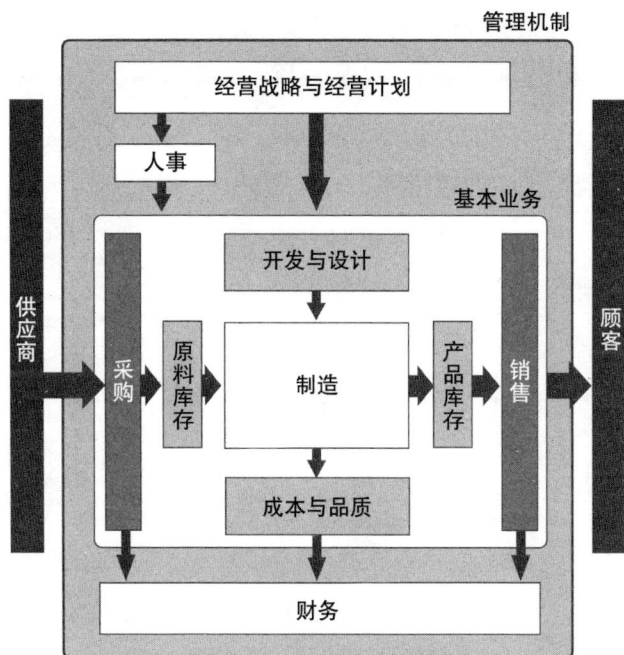

图 1-5 工厂内的工作流程

制造所需的原材料和零部件需要从外部购买。 负责这项工作的，是图 1-5 中左边的"采购"部分。 有些公司也把这一部分称为"原料筹措"或"资材筹集"。

在加工组装型工厂里，原料费占成本的 6 成到 8 成。如果能顺利采购到便宜的原材料和零部件，公司的利润率就会提高。 相反，如果购买原材料和零部件不及时，制造现场就无法开始加工。 这样就会造成人员和设备的闲置。

由此来看，采购左右着工厂的利润率，是具有重大意义的工作。

工厂制造的产品，只有卖出去才会成为公司的利润。而图1-5中右边的"销售"部分就是负责贩卖产品的工作。如果拿不到订单，制造现场就没有工作可做，发挥不出工厂的能力。销售是企业管理中极为重要的一个环节。

综上所述，工厂内工作的主要流程就是图1-5中所示的"采购→制造→销售"的横向流程。

"开发与设计"的重要性在不断增大

除此之外，另一个重要的工作流程是"开发与设计→制造"的纵向流程。它指的是开发产品和技术并在制造现场制造出产品的工作。

如今，产品的生命周期越来越短，必须接连不断地向市场投入新产品。所以这条纵向骨架也越来越重要。

不仅如此，为了对抗低价的进口商品，必须提高产品的质量。因此可以说开发和设计的能力决定了企业的未来。

从开发与设计中获得的知识（产品规格、生产方法等），不仅应用于制造，还能应用于购买、销售及维修保养。

工厂的两条骨架的管理

上述横向与纵向的两个流程就是工厂的骨架。公司必须监督其运行是否流畅，如果发现了问题，必须修正其轨道。

图 1-5 中下面的"成本与品质"和"财务"就起到了监督管理的作用。

在成本与品质管理中,要采集制造活动的实绩数据,检查产品的质量及成本有没有达到预定的水平,如果发现问题,要向负责人发出警告。

"财务"负责把管理的实绩汇报给股东和税务等相关部门。 图 1-5 中上面的"经营战略与经营计划"负责解读市场环境的变化,为工厂今后的发展进行导航。

"人事"负责保证必需的员工人数,提高员工的工作积极性和工作技能,并保证他们的安全与健康。

此外,工厂还具有负责维护设备及管理信息系统的职能。

> ### 专栏 1 "虽粗却快"或者"虽精却慢",该选哪一个
>
> 工作的最理想状况就是做工精巧(质量高),速度又快。而相反,我们最不希望看到的状况是做工粗糙(品质拙劣),速度又慢。尽管我们大家的目标都是努力实现又巧又快,然而现实中却是很难做到的。
>
> 那么,"虽粗却快"和"虽精却慢"二者之间,哪一个更好呢?

在现实的商业界，特别是站在制造行业的角度思考这个问题，"虽粗却快"意味着能按时向顾客交货，但质量没有十足的保证，需要调整或重新提交。而"虽精却慢"则意味着虽然商品的质量很好，但赶不上顾客希望的交货日期。

在实际做买卖时要具体情况具体分析，分析二者中哪个更好，所以需要考虑很多方面的问题。但是，在实际进行工作时，如果今天对这件事采取"粗却快"，而明天对那件事采取"精却慢"，逐一判断来开展业务的话，则会导致判断的标准参差不齐，企业或组织失去均等的价值观。

笔者作为一名经营管理顾问，在指导企业领导或相关负责人思考如何更有效地开展工作时，建议他们选择"粗却快"。认为"粗却快"更好的基本思路是，重视速度，快跑前进，如果发现方向错了，就马上修正其轨道。

以下是关于某个汽车零部件供应商的真实故事。

某大型汽车生产商计划推出的新款开发车需要一种零件，让三家公司报价，其中就包括上述零部件公司。然而，由于这笔单子有可能会涉及长期大型的交易，所以该公司非常慎重，结果提出报价的时间比截止日期晚了一天。由此导致该公司在交涉时处在了被动的地位，最后让别的公司拿到了项目。在此之后的几年时间里，该公司从未获得这款新型开发车的零件订单。

戴尔电脑（Dell）及大和运输（Yamato）等诸多企业的经营管理者都重视速度，从而业绩不断提高。赶不上规定的期限，不但对顾客不利，也影响公司内部属于后道程序部门的工作。因此，相对于"精却慢"，选择重视速度的"粗却快"会更加稳妥。

（执笔者：松林光男）

第 2 章

参观工厂——看看商品是如何制成的

2-1 大工厂与小工厂

全日本的"大工厂"（员工超过 300 人）数量约占整体的 1%，而产出总额则占全部整体的 50%。

大工厂与小工厂的特点

整个日本约有 55 万家工厂。 根据日本总务省发表的《事务所与企业统计调查》，员工超过 300 人的所谓的"大工厂"还不到整体的 1%。 大型工厂的特色是大量生产汽车、电视机及电脑等组装产品，还包括铁、石油等原材料。

此外，虽然大型工厂的数量只占整体的 1%，但其产出总额却占到了全部整体的约 50%。

另一方面，全日本的工厂中，99%以上都是所谓的"小型工厂"。小工厂的特点是，一般属于多品种小批量生产型的工厂，生产机械零部件或电子元件并提供给组装产品的厂家。

如图2-1所示，有很多工厂员工为1~4人或者5~9人，由家族成员经营管理。虽然小型工厂在数量上超过了整体的99%，但产出总额仅占整体的50%。

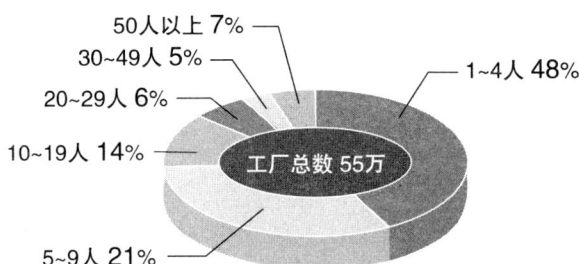

图2-1 不同员工人数的工厂所占的比例

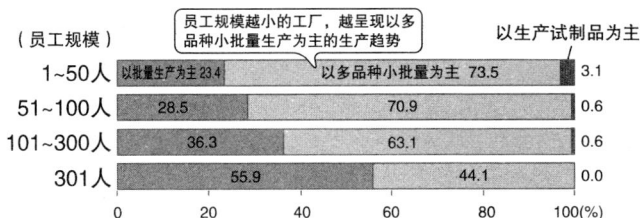

图2-2 不同规模的工厂的生产内容

大小工厂的关系

下面让我们以汽车产业为例，看一看大型工厂与小型工厂的关系。

　　一辆汽车由车身、发动机、车门、车座、倒车镜、轮胎等等约两万种零部件构成，这些零部件并不是全靠汽车厂商自行生产的。 如图 2-3 所示，以丰田（TOYOTA）和日产（NISSAN）为代表的汽车生产商，通过金字塔式的结构——委托给一次零部件生产商进行"集成部件承包"，进而转包给三次零部件生产商进行"外包加工"，对零件进行组装。 这种结构被称为垂直分工结构。

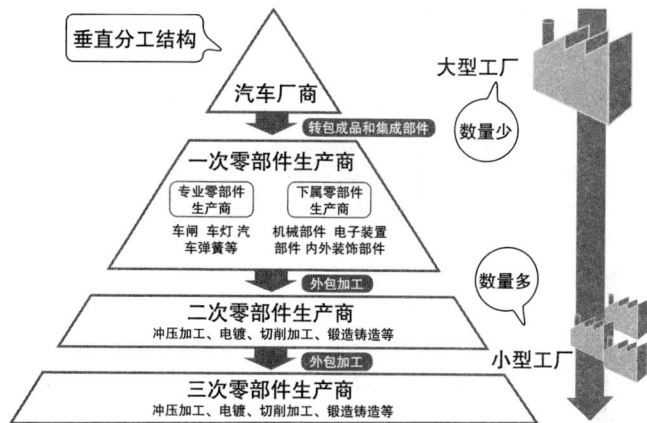

图 2-3　汽车产业的分工结构

　　以工厂规模大小为标准，汽车生产商和一次零部件生产商属于大型工厂，对成品和集成部件进行组装。

　　二次零部件生产商和三次零部件生产商则被归为小型工厂，这些工厂根据一次零部件生产商的设计图纸进行冲压加工、电镀、切削加工、铸造锻造等，并提供给一次生产厂商。一次生产商会时时刻刻严格要求二次、三次生产商降低成本，因此导致一些小型工厂不得不在严酷的环境下维持经营。

2−2　钢铁是怎样炼成的

炼制钢铁大致分为两道工艺流程。分别为①炼铁：从铁矿石中抽取铁成分，炼制成铁水；②炼钢：根据顾客需求，对铁水进行调整与加工。详细参照图2−4。

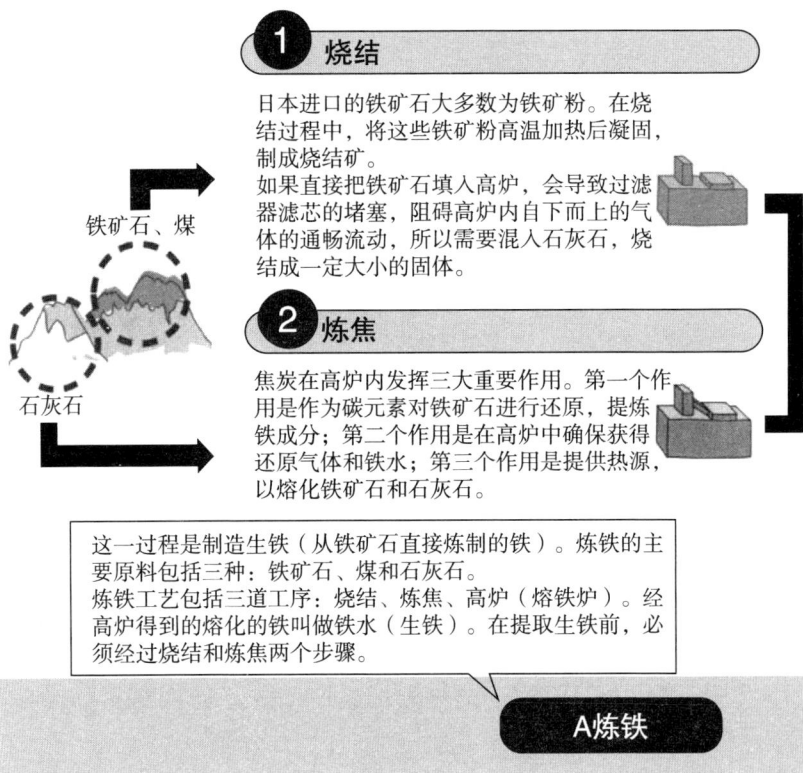

铁矿石、煤

石灰石

1　烧结

日本进口的铁矿石大多数为铁矿粉。在烧结过程中，将这些铁矿粉高温加热后凝固，制成烧结矿。

如果直接把铁矿石填入高炉，会导致过滤器滤芯的堵塞，阻碍高炉内自下而上的气体的通畅流动，所以需要混入石灰石，烧结成一定大小的固体。

2　炼焦

焦炭在高炉内发挥三大重要作用。第一个作用是作为碳元素对铁矿石进行还原，提炼铁成分；第二个作用是在高炉中确保获得还原气体和铁水；第三个作用是提供热源，以熔化铁矿石和石灰石。

这一过程是制造生铁（从铁矿石直接炼制的铁）。炼铁的主要原料包括三种：铁矿石、煤和石灰石。
炼铁工艺包括三道工序：烧结、炼焦、高炉（熔铁炉）。经高炉得到的熔化的铁叫做铁水（生铁）。在提取生铁前，必须经过烧结和炼焦两个步骤。

A炼铁

连续铸造 **7**

把经过成分调整的熔钢连续不断地凝固成一定厚度的钢片。

轧钢原材料

依照接下来的制造工序，生产出各种形状的铸件

板坯
→用于轧制钢板

钢锭
→用于型钢产品

小钢坯
→用于线材产品

二次精炼 **6**

为了炼制高纯度的钢，要进一步去除氢、氧及其他杂质，将杂质控制在百万分之一单位。

炼钢

B 炼钢

转炉 **5**

在转炉内填入经过预备处理后的生铁和铁块，通过吹入氧除去碳成分，加入合金调整其成分。

混铁车

高炉 **3**

向高炉吹入1200℃的热风，通过对烧结矿进行还原制造生铁。

现在的高炉通过人工智能等方式，可实现高性能、高效率的高科技炼铁。

通过高炉获得的生铁用混铁车（专门用于运输熔化的生铁）运往炼钢厂。

铁水预备处理 **4**

除去生铁中所含的磷、硫等杂质。

炼铁工艺所获得的生铁，在炼钢流程中经过铁水预备处理、转炉（用于精炼铁，炉体可以转动）、二次精炼（分离不必要的杂质）、连续铸造等四个步骤，逐步变为满足品质要求的钢。最后制造出的轧钢原材料根据不同的用途而形成各种形状，分别被称为板坯（制造板材的钢）、钢锭（制造型钢的钢）、小钢坯（制造线材的钢）等等。

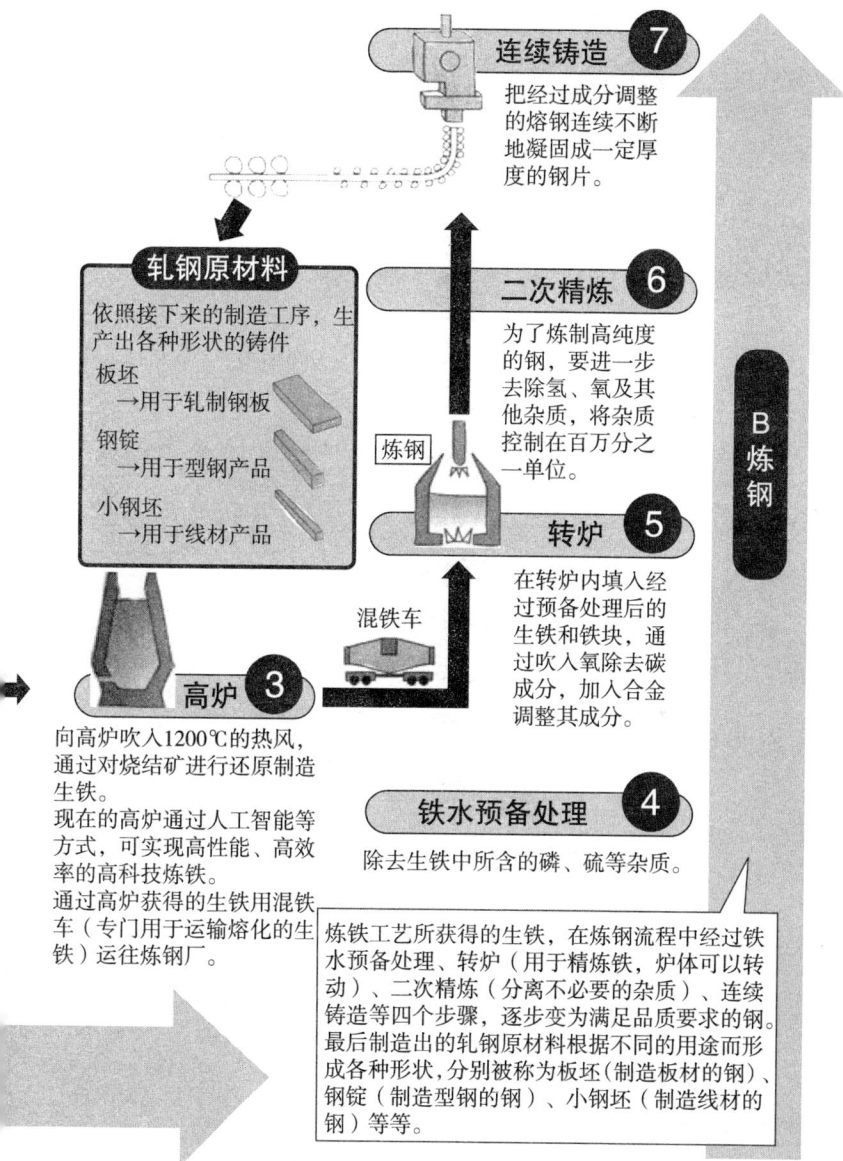

图 2-4 炼制钢铁的工艺流程

2-3 液晶面板是如何制造的

　　液晶面板的制造由三个基本流程组成：分别制造两块玻璃基板的过程；在两块玻璃基板间灌入液晶后，在外侧贴合偏光片的 Cell 工序。如图 2-5 所示。

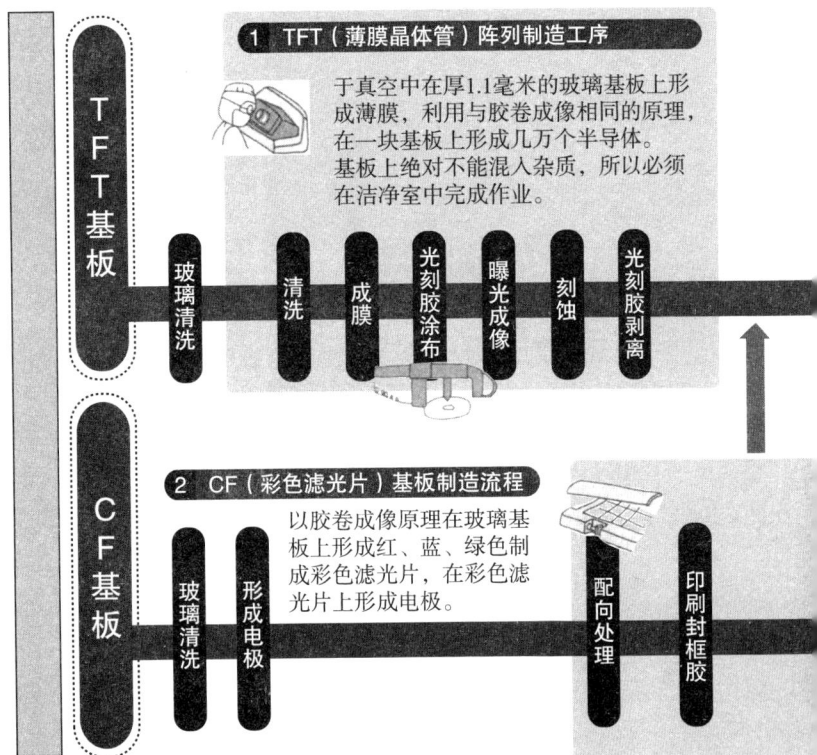

1　TFT（薄膜晶体管）阵列制造工序

于真空中在厚1.1毫米的玻璃基板上形成薄膜，利用与胶卷成像相同的原理，在一块基板上形成几万个半导体。基板上绝对不能混入杂质，所以必须在洁净室中完成作业。

TFT基板：玻璃清洗　清洗　成膜　光刻胶涂布　曝光成像　刻蚀　光刻胶剥离

2　CF（彩色滤光片）基板制造流程

以胶卷成像原理在玻璃基板上形成红、蓝、绿色制成彩色滤光片，在彩色滤光片上形成电极。

CF基板：玻璃清洗　形成电极　配向处理　印刷封框胶

液晶面板的原理与结构

- 偏光片：只允许光的垂直振动成分通过
- 玻璃基板
- 偏光板：只允许光的水平振动成分通过
- 透明电极
- 间隔剂
- 显示(透过的光)
- 背光光源
- 液晶
- 彩色滤光片(CF)
- 透明电极
- 配向膜(纵向)
- 配向膜(横向)

液晶具有对其增加电压后液晶分子排列（排列的方向）发生变化的性质。具体说，让一定方向的光穿过液晶时，在未加电压的状态下，光扭转90度穿过，而加了电压后光会直行前进。利用这一性质，将只允许特定方向的光通过的偏光片、液晶与透明电极组合配置后，可以达到控制光的通过与遮挡的效果。

应用这一原理，在液晶面板上通过对某些部位施加电压，某些部位不加电压，就可以显示出文字或图像来。

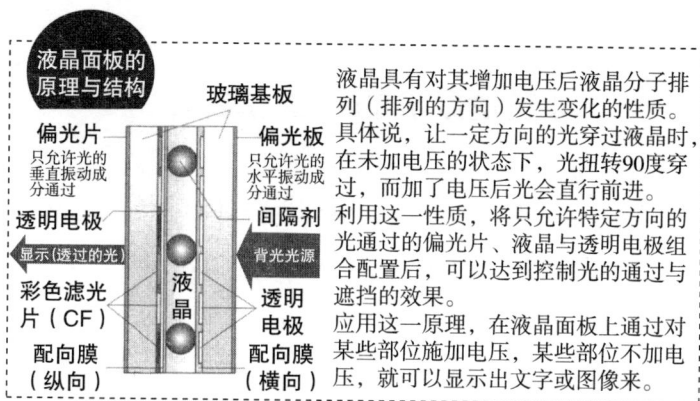

4 Cell（光学单元）工序

经过贴合的两块基板形成所谓的单元。对单元内侧进行充分减压后，依靠与气压的压差灌入液晶。然后用环氧树脂等密封灌入孔。最后贴附上偏光片和反射片，液晶光学单元就制造完成了。

- 切割基板 → 灌入液晶 → 贴付偏光片 → 检查

5 液晶面板工序

安装驱动IC，组装背光板，最终完成液晶面板的制造。

3 LCD（液晶显示器）工序

涂布配向膜材料然后刮出沟槽，让液晶分子可以排列。这一处理要在①、②工序时制成的两块基板上进行。然后印刷用于贴合①和②两块玻璃基板的封框胶。

接下来散布间隔剂使液晶可以活动，然后贴合玻璃基板。贴合时，分成几次将封框胶从30微米压扁到5微米。然后对封框胶进行热硬化处理。

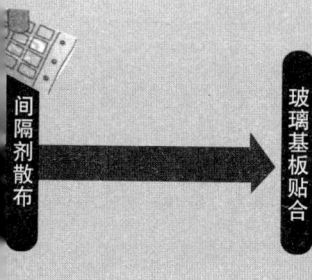

- 间隔剂散布 → 玻璃基板贴合

图 2-5 液晶面板的制造流程

2－4　液压挖掘机的制造方法

　　对液压挖掘机进行组装，需要先分别在不同的生产线并行组装回转架（上方回转装置），履带架（下方行走装置），以及动臂和斗杆，然后将各部分组装合体，完成挖掘机的制造。详细如图 2－6 所示。

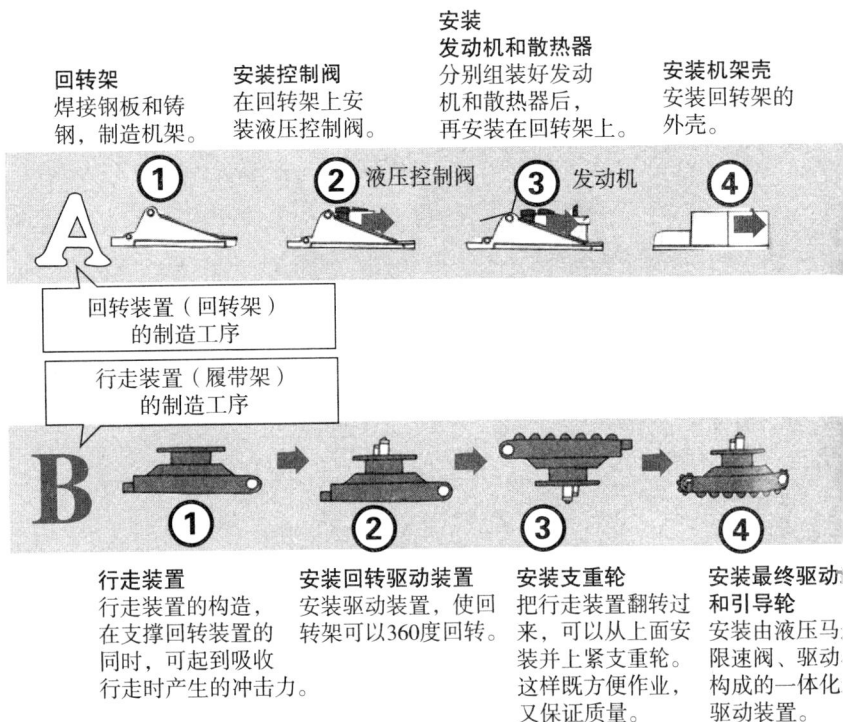

回转架
焊接钢板和铸钢，制造机架。

安装控制阀
在回转架上安装液压控制阀。

**安装
发动机和散热器**
分别组装好发动机和散热器后，再安装在回转架上。

安装机架壳
安装回转架的外壳。

A　① ② 液压控制阀 ③ 发动机 ④

回转装置（回转架）
的制造工序

行走装置（履带架）
的制造工序

B　① ② ③ ④

行走装置
行走装置的构造，在支撑回转装置的同时，可起到吸收行走时产生的冲击力。

安装回转驱动装置
安装驱动装置，使回转架可以360度回转。

安装支重轮
把行走装置翻转过来，可以从上面安装并上紧支重轮。这样既方便作业，又保证质量。

安装最终驱动和引导轮
安装由液压马限速阀、驱动构成的一体化驱动装置。

液压挖掘机各部位名称

斗杆油缸
动臂
动臂油缸
工作装置
挖斗油缸
回转架（上方回转装置）
驾驶室
斗杆（小臂）
配重
挖斗
履带
最终驱动装置
履带架（下方行走装置）
引导轮
支重轮
拖链轮

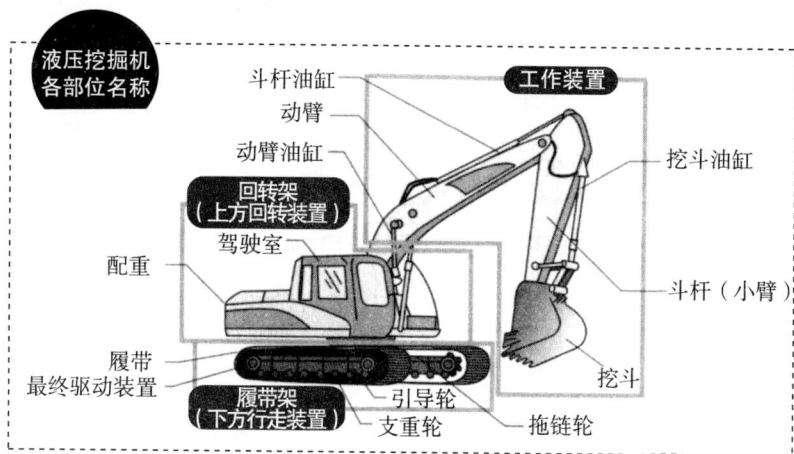

回转装置和行走装置合体
将回转装置和行走装置上下结合在一起。过去需要用起重机，由两个工人完成，现在这个流程已经实现了自动化。

安装动臂和斗杆
为了实现动臂和斗杆轻量化，增加其强度，全面使用高张力钢。采用盒式结构，内部装有增强板。

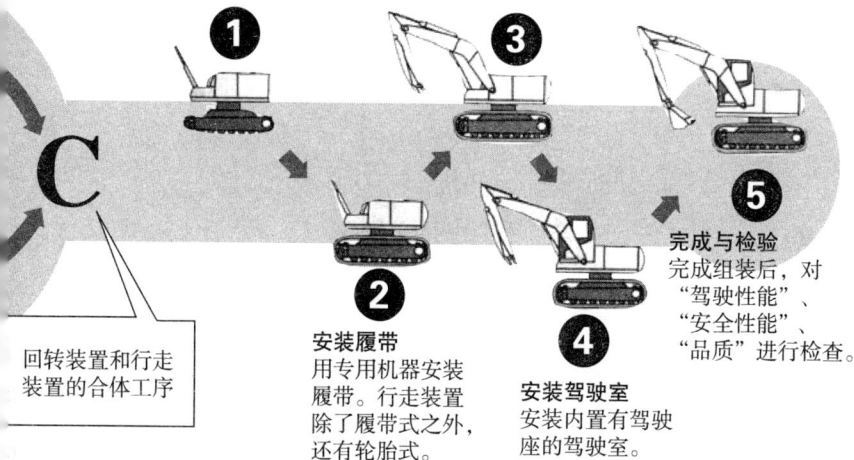

① ③ ⑤

完成与检验
完成组装后，对"驾驶性能"、"安全性能"、"品质"进行检查。

②

安装履带
用专用机器安装履带。行走装置除了履带式之外，还有轮胎式。

④

安装驾驶室
安装内置有驾驶座的驾驶室。

回转装置和行走装置的合体工序

图 2-6 液压挖掘机的制造流程

025

2－5 方便面的制造方法

方便面需要有一定的厚度和波纹，所以为此设计了相应的流程。此外还有些流程的目的是以尽量短的时间把面泡开。参照图2－7。

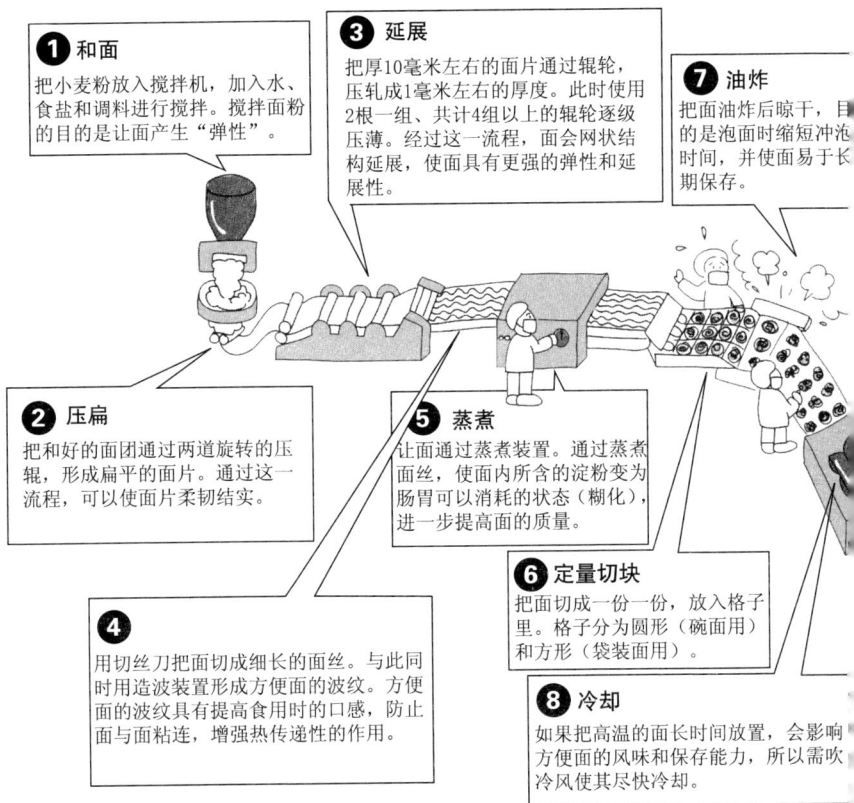

❶ 和面
把小麦粉放入搅拌机，加入水、食盐和调料进行搅拌。搅拌面粉的目的是让面产生"弹性"。

❸ 延展
把厚10毫米左右的面片通过辊轮，压轧成1毫米左右的厚度。此时使用2根一组、共计4组以上的辊轮逐级压薄。经过这一流程，面会网状结构延展，使面具有更强的弹性和延展性。

❼ 油炸
把面油炸后晾干，目的是泡面时缩短冲泡时间，并使面易于长期保存。

❷ 压扁
把和好的面团通过两道旋转的压辊，形成扁平的面片。通过这一流程，可以使面片柔韧结实。

❺ 蒸煮
让面通过蒸煮装置。通过蒸煮面丝，使面内所含的淀粉变为肠胃可以消耗的状态（糊化），进一步提高面的质量。

❹
用切丝刀把面切成细长的面丝。与此同时用造波装置形成方便面的波纹。方便面的波纹具有提高食用时的口感，防止面与面粘连，增强热传递性的作用。

❻ 定量切块
把面切成一份一份，放入格子里。格子分为圆形（碗面用）和方形（袋装面用）。

❽ 冷却
如果把高温的面长时间放置，会影响方便面的风味和保存能力，所以需吹冷风使其尽快冷却。

蔬菜包的生产流程

生产蔬菜包有三种方法。
①热风干燥
该方法是现在最常用的处理方式，对原料吹以热风使其干燥。蔬菜类采用此方式干燥。
②真空冻结干燥
碗面的蔬菜包多用这种方式进行干燥。一般在零下30℃的状态下迅速冻结后，直接真空干燥。
③微波加热干燥
把材料通过高频感应电装置，通过发热同时进行材料组织的干燥。用于鸡蛋的加工等。

汤料的生产流程

①原料预处理
糊状和液体状的原料经过干燥后研磨成粉末。
↓
②预混合
原料所用的香辛料及调味料等配合量较少的材料提前进行混合。
↓
③正式混合
把经过预处理的原料和经过预混合的调味料混合在一起。混合室的温度和湿度必须进行严格管理。
↓
④检查
经过正式混合后取一定量的汤料，加入规定量的热水泡开。将其中所含水分、盐分、浓缩物成分等与样品进行比较，检验质量。
↓
⑤分小袋包装
将粉末状的汤料装入小袋，用加热器封口。然后还要对重量等进行检验。

⑨ 检查
检查面的"重量"、"形状"、"颜色"、"干燥度"等。

⑪ 放入汤料包和蔬菜包
把汤料包和蔬菜包一起放进碗里。

⑩ 装碗
排列好后装入方便面碗。

⑫ 检查碗内包含物
检查是否在碗里放入了规定种类的汤料包和蔬菜包。

⑬ 封盖
给碗封盖。

⑭ 包装
用透明塑料纸包住整个方便面碗，防止灰尘或杂质进入面里。

⑯ 装箱
把检查合格的产品装箱。

⑮ 产品检验
通过重量检测机器检查产品的重量。

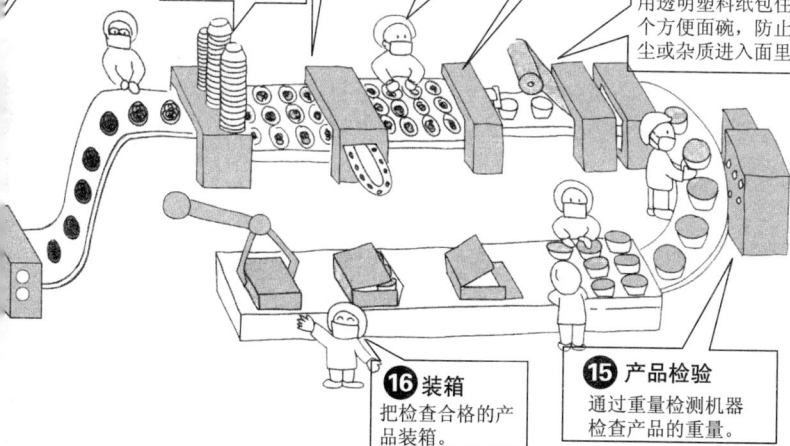

图 2-7　方便面的制造流程

2-6 啤酒是如何酿成的

日本的啤酒生产商在全国各地设有工厂。因为作为原料之一的水的质量非常重要，所以工厂多设在自然资源丰富的地方。啤酒的酿制流程大致分为四道工序：①准备原料；②糖化；③发酵、成熟；④过滤、包装。详细参照图 2-8。

❶ 准备原料

啤酒的主要原料有3种，分别是大麦（麦芽）、酒花和水。除此之外，根据需要还使用副原料（大米、玉米淀粉）来调整味道。

副原料

包括日本酒税法所规定的大米、玉米淀粉等。用这些副原料调整啤酒的味道。

水

通过水处理技术，调节水的成分，使其适合啤酒酿造。在日本酿造啤酒时，可以充分发挥软水的优势。

酒花

多年生蔓藤草本植物，作为啤酒原料需使用未受精的雌株。酒花是酿制啤酒时不可缺少的原料，可以释放出啤酒特有的苦味和芳香。

麦芽

将啤酒麦置于充足的水和空气中使其发酵发芽并进行干燥停止其生长除去根部。麦芽其具有糖分和产生啤酒鲜味的氨基酸。

糊化锅

将一部分压碎的麦芽与热水混合，然后加入副原料蒸煮。

糖化锅

在剩余麦芽中加入热水，再加入糊化锅中煮过的糊状物。液体中的淀粉物质转化为麦芽糖。

❷ 糊化

把粉碎后的麦芽和热水、副原料混在一起沸腾，淀粉物质转化为麦芽糖。将其沉淀后，提取"麦芽汁"。然后加入酒花煮沸，其后以无菌状态冷却。

煮沸锅

在麦芽汁中加入酒花后煮沸。在这一过程中将产生啤酒特有的芳香和苦味。

麦芽汁过滤槽

对糖化锅中生成的"糊状物"进行过滤后，使其变透明的糖浆状。

麦芽汁冷却器

将煮沸的麦芽汁冷却。

❸ 发酵、成熟

往冷却后的麦芽汁中加入啤酒酵母后，开始低温发酵。约经过1周时间后糖分分解为酒精和二氧化碳，生成"初期啤酒"。

低温储藏的几十天中，啤酒慢慢成熟，产生出优质的口感和芳香。

发酵

麦芽汁中加入啤酒酵母后，糖分将分解为酒精和二氧化碳。

成熟

用几十天时间进行低温熟化。

发酵罐（熟化罐）

由于发酵成熟用的罐子结构相同，所以可以生产大量的啤酒，并保持稳定的质量。

经过约1周的发酵时间，生成"初期啤酒"。初期啤酒的口感和香味还比较粗糙，要在低温状态下继续储藏几十天，使其成熟。

包装·检查

检查瓶子的容量、包装的充填状态等等

❹ 过滤、包装

成熟后的啤酒经过过滤，除去酵母和蛋白质。

经过滤机过滤后，将琥珀色的生啤酒分别装入瓶、罐和酒桶中。

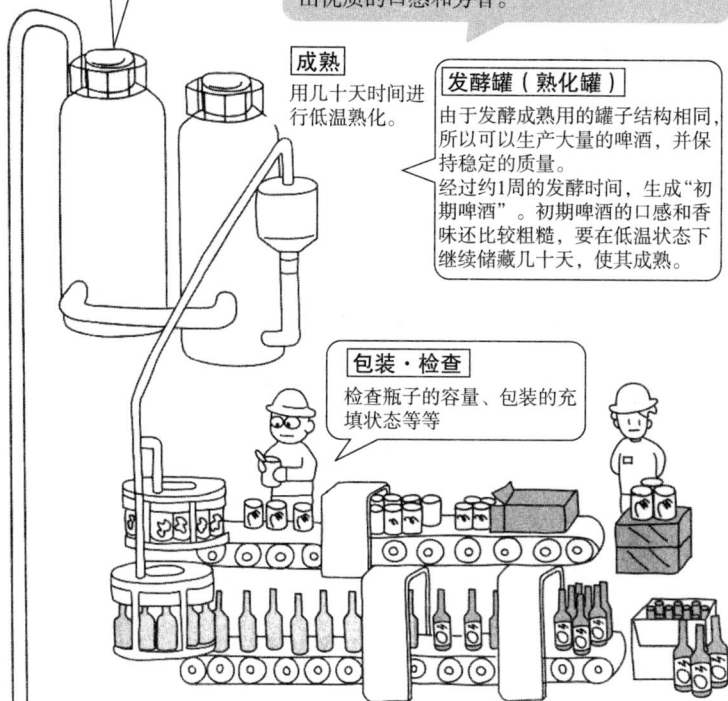

图 2-8　啤酒的制造流程

029

2-7 汽车是如何制成的

　　汽车制造的工艺流程大致分为五步。 每道工序的自动化水平都在不断提高，越来越多的内容可以由机器人进行组装，而诸如最终检查等各个关键环节，则必须由人来把关核查。 参照图 2-9。

材料截断
根据车体各个零部件的大小，把卷状的钢板截成易于加工的尺寸。

冲压加工
使用自动冲床，把已截成规定尺寸的钢板加工为成形的零部件。

❶ 冲压工序
使用大型冲床对钢板进行自动冲压加工，制造挡泥板、地板、车门、发动机盖外板、顶盖等大小不一的零部件。

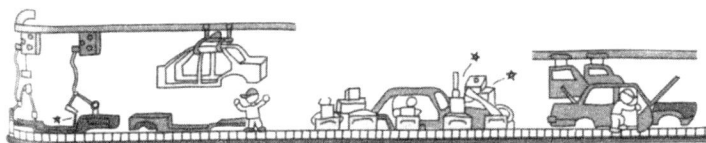

❷ 焊接工序
对已使用自动冲床加工过的零部件进行焊接，制造车身的骨架。焊接作业已经自动化，几乎所有工作均由机器人完成。流水线上的各个车身可以型号不同，机器人能够自动处理。

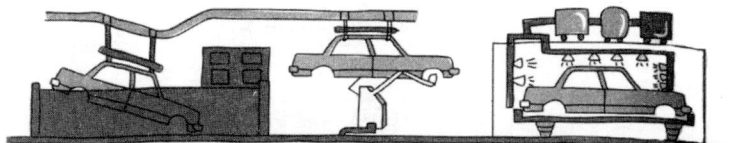

❸ 涂装工序

首先要对成型后的车身进行清洗。然后进行防止腐蚀的电装（底漆）、中涂、面漆，这三道工序期间要反复进行多次涂装。

上述作业均是在无尘的喷涂室中进行的。

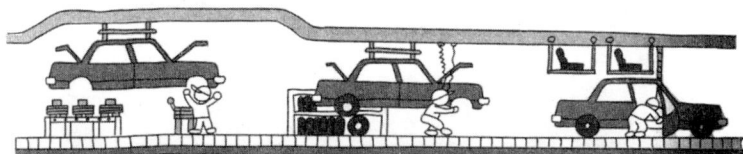

❹ 组装工序

完成涂装后的车身，要安装发动机、仪表相关零部件、内饰件、电子配线、轮胎等多达几千种的零部件。

这些作业均由电脑进行准确的指示和管理。

工序的最后会安装车座，并加注各类油液等。

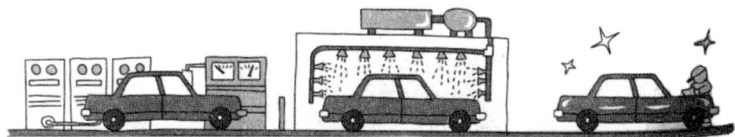

❺ 检测工序

完成后的汽车被送往检测场，每台汽车均要在行驶状态、刹车、车灯、排气等方面接受严格的检测。

还会进行各种细节上的检测，比如在淋浴间接受淋浴漏水检测等。

最后由经验丰富的检测员进行肉眼检测，只有合格的车才能入库。

图 2-9　汽车的制造流程

2 - 8　螺丝与螺母的制造方法

制造螺丝和螺母的材料有圆钢和线材。典型的制造流程大致可以分为成形和螺纹加工两步，而有时根据生产类型不同（多品种小批量或少品种大批量），加工方法也发生变化。详细参照图 2 - 10。

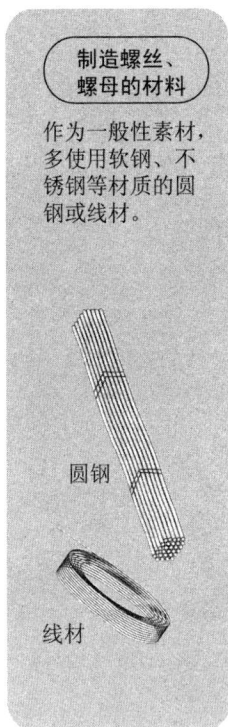

制造螺丝、螺母的材料

作为一般性素材，多使用软钢、不锈钢等材质的圆钢或线材。

圆钢

线材

螺丝的生产流程

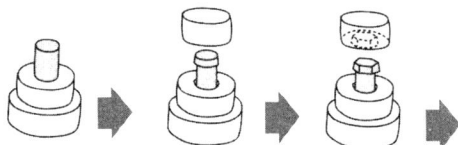

❶ **切断、加热**
把材料截成螺丝的规定长度后加热，以便于锻造加工。

❷ **镦锻**
进行镦锻，把加热后的材料插入锻造铸模，让材料顶端膨胀。

❸ **锻造加工**
让顶端膨胀后，进一步锻造加工成六角形等形状。

螺母的生产流程

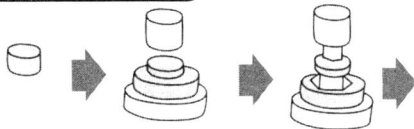

❶ **切断**
把原材料截成螺母规定的长度。

❷ **预成型**
在成型机上，制预成型用铸模大致打成外观圆形的样子。

❸ **插入铸模**
在成型机上，把外观圆形的坯料打成规定的六角形等形状。

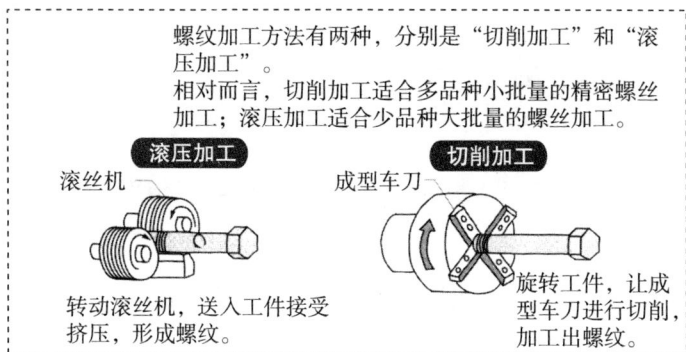

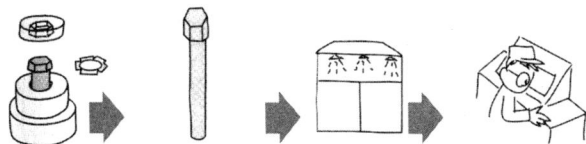

螺纹加工方法有两种，分别是"切削加工"和"滚压加工"。

相对而言，切削加工适合多品种小批量的精密螺丝加工；滚压加工适合少品种大批量的螺丝加工。

滚压加工　　　　　　　　　　**切削加工**

滚丝机　　　　　　　　　　　　成型车刀

转动滚丝机，送入工件接受挤压，形成螺纹。

旋转工件，让成型车刀进行切削，加工出螺纹。

❹ **成型**

在锻造成型时，把生成的铁屑去除后，螺丝的头部制作完成。

❺ **螺纹加工**

对头部成型后的螺栓进行螺纹加工，形成规定尺寸的牙纹。

❻ **洗净**

清洗螺丝，去除油渍污垢。

❼ **检查**

检查外观和尺寸是否合格后，出货。

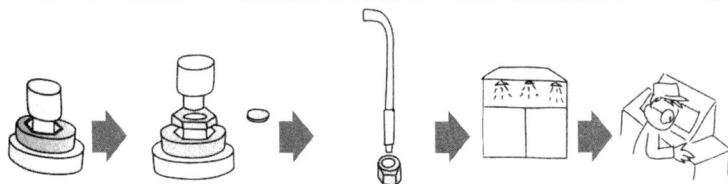

❹ **正式成型**

在成型机上制成规定尺寸的外形，并准备螺丝用孔。

❺ **打孔整形**

钻出螺丝的预留孔。

❻ **内螺纹加工**

进行螺母的内螺纹加工后，完成制造。

❼ **洗净**

清洗螺母，去除油渍污垢。

❽ **检查**

检查外观和尺寸是否合格后，出货。

图 2-10　螺丝与螺母的制造流程

2-9　半导体的制造方法

　　半导体的制造流程分为在基板上形成集成电路的前段流程和将基板产品化的后段流程。实际上两套流程加起来有几百道工序，而本小节只为大家介绍大概的过程。详细参照图 2 - 11。

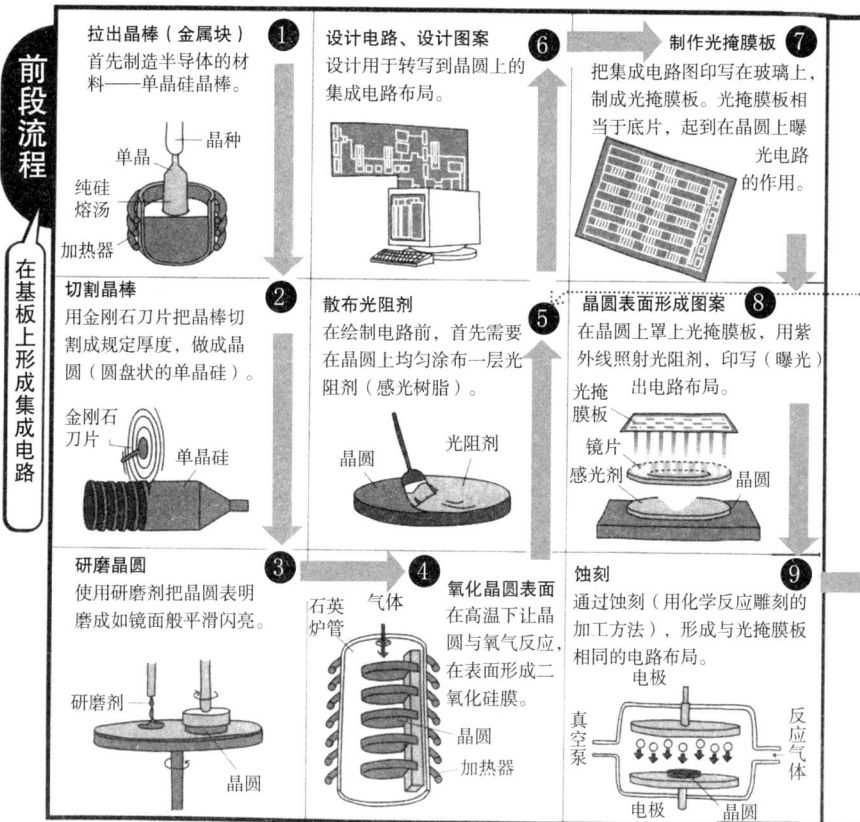

前段流程 / **在基板上形成集成电路**

拉出晶棒（金属块） ❶
首先制造半导体的材料——单晶硅晶棒。
晶种　单晶　纯硅熔汤　加热器

设计电路、设计图案 ❻
设计用于转写到晶圆上的集成电路布局。

制作光掩膜板 ❼
把集成电路图印写在玻璃上，制成光掩膜板。光掩膜板相当于底片，起到在晶圆上曝光电路的作用。

切割晶棒 ❷
用金刚石刀片把晶棒切割成规定厚度，做成晶圆（圆盘状的单晶硅）。
金刚石刀片　单晶硅

散布光阻剂 ❺
在绘制电路前，首先需要在晶圆上均匀涂布一层光阻剂（感光树脂）。
晶圆　光阻剂

晶圆表面形成图案 ❽
在晶圆上罩上光掩膜板，用紫外线照射光阻剂，印写（曝光）出电路布局。
光掩膜板　镜片　感光剂　晶圆

研磨晶圆 ❸
使用研磨剂把晶圆表明磨成如镜面般平滑闪亮。
研磨剂　晶圆

氧化晶圆表面 ❹
在高温下让晶圆与氧气反应，在表面形成二氧化硅膜。
石英炉管　气体　晶圆　加热器

蚀刻 ❾
通过蚀刻（用化学反应雕刻的加工方法），形成与光掩膜板相同的电路布局。
电极　真空泵　反应气体　电极　晶圆

034

将基板产品化的流程

后段流程

检验晶圆 ⓭
对晶圆上的每一个集成电路(芯片)进行测试,判断合格与否。

经过此流程,完成集成电路的制造。

芯片

检测器

晶圆

切片 ①
按照产品单位,把晶圆切成一个个集成电路(芯片)。

芯片 —— 金刚石刀片

印字 ⑧
用激光在半导体产品表面打印商标、产品名、批号等信息。

激光 —— 镜片

∪○○○T

形成电极 ⓬
形成用于做电极导线的铝金属膜。

阳极

晶圆 —— 气体

排气 阴极

固定(黏晶) ②
将芯片固定在导线框架(支撑芯片的金属框)上。

键合金线

金属框 芯片

产品检验、可靠性测试 ⑦
对外观结构等进行检查,剔除不合格产品。

循环反复

磨平 ⓫
研磨晶圆表面,使其平坦。

金线键合 ③
用金线连接导线框架和芯片。

芯片

导线框架

测试(电压与温度测试) ⑥
为防止初期不合格,用检测仪检验判断IC的电子特性。

IC封装

氧化、扩散、CVD、离子植入 ⑩
将离子注入晶圆,进行扩散。经过这一流程,只有硅突出的部分成为半导体。CVD是指用化学蒸汽形成薄膜的技术。

封胶 ④
为防止刮伤或冲击,用陶瓷和树脂等封装。

树脂灌调封胶

剪切与成形 ⑤
从导线框架上逐一将半导体产品剪切、分离,形成所定形状。产品由此制作完成。

IC封装

导线框

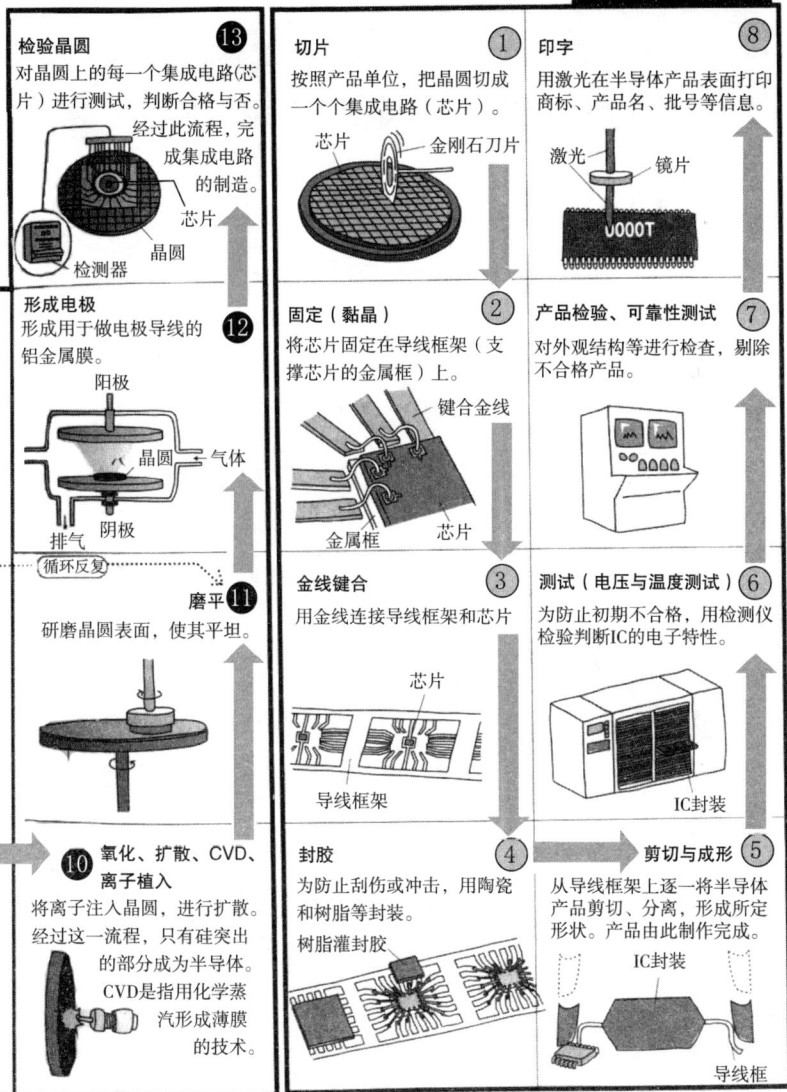

图 2-11 半导体的制造流程

专栏2　变化的足迹

20世纪90年代初，笔者有机会从纽约乘火车访问费城。随着火车穿过纽约的高层建筑区驶入郊外，铁路两边连绵不断的景色映入眼帘：那是一座座工厂的废墟，杂草丛生中厂房裸露出钢筋铁骨。铁轨两旁一座座废弃的工厂此起彼伏。此时，如此多的被抛弃的工厂让我切切实实见识到了美国过去开展的产业结构改革。

在日本，工厂的遗址必须转变为新的建筑用地，继续作为其他用途，所以很少能看到长时间遗留的工厂废墟。而在美国，想必把功夫花费在开拓原野上比处理废工厂更划算，所以才留下了一个个的残骸吧。

此时，我不禁对每一座工厂里发生的故事浮想联翩：每开张一座新工厂，一定都聚集了当地的各路名士，高高挂起醒目的开业彩旗，鼓乐齐鸣，人人心中充满了热情与希望。而一旦工厂开工，必然伴随着景气的上升与下落、员工的增加与减少、升迁与降职、邂逅与别离——工厂的舞台上演了形形色色的人间悲喜剧。直到最后的景气不振，顽强挣扎，关门大吉，我的脑海中浮现出人们失落的神情。

回想乘火车见到的那一幕，让我对"投资"这个词有了具体的认识。也就是说，有人出钱投资建造了那些工厂，并试图在运转期间收回成本。在工厂被废弃前，他们是否获得了满意的回报？抑或是结果不尽人意？但无论是哪种结果，我都能想象出那些投资人对找到下一个更有意思的投资项目摩拳擦掌的样子。

不知怎的，我仿佛明白了美国就是通过一次次这种微观的循环，改变了产业的结构。而我所目睹的连绵在铁轨两旁的工厂废墟，恰恰就是这一变化的足迹。或许其中也混杂着美国在 20 世纪 80 年代败给日本的制造业，让日本夺去美国市场的轨迹。

此后的美国，在日本难于摆脱泡沫经济后遗症时期，自 1992 年起高歌猛进，开始了约达 10 年的发展。这或许是产业竞争力总统委员会发表的研究报告《全球竞争——新的现实》以及麻省理工学院发表的研究报告《美国制造》的建议奏了奇效。人们称之为技术革新与应用的改进迈出了新的一步。人们还认为，IT 也起到了辅助和支撑的作用。

现在的日本就像当时的美国，产业空洞化的问题十分严重。希望日本能像美国一样，实现制造业的深化与变革，重振雄风。

（执笔者：渡部弘）

第 3 章
形形色色的生产机制与类型

3-1　通过分类了解工厂 |

人们通常依据生产方式或形态等因素，用二分法对工厂进行分类。

工厂种类非常多，将其分成几种类型便于我们理解。

首先，政府的产业分类是极其细致具体的。 根据产品不同，制造业被分为了 23 个中项（参考第 1 章第 2 小节的图1-2），进而又分成了 164 个小项。 这一分类可以在日本总理府统计局的网页上看到。

除此之外，人们通常还以各种不同的观点把握生产的特征，以二分法对工厂进行分类。 首先让我们了解一下具有代表性的分类方法。

加工组装型与流程型

首先，最常应用的分类之一是"加工组装型"与"流程型"。

这种分类方法的分类角度是加工流程，比如汽车工厂对零部件进行组装后制造产品，就属于加工组装型；啤酒工厂通过原料的一步步化学变化制造产品，就属于流程型。

加工组装型也被称为"离散型"。这是按产品可以用个数进行计算的角度来采取的称呼。

少品种大批量生产与多品种小批量生产

根据产品的种类多少，还可以分为"少品种大批量生产"与"多品种小批量生产"。产品种类多、每种产品产量小的叫做多品种小批量生产。相反，产品种类少、每种产品的产量大的叫做少品种大批量生产。

站在管理工厂的角度来看，品种少产量大的生产方式销量最高，但是当今消费者的需求千变万化，能够采取少品种大批量生产方式的产品越来越少了。

流水车间（flow-shop）型与作业车间（job-shop）型

还有一种分类方式为"流水车间"与"作业车间"。与其说这是对工厂的分类，不如说是对生产现场的机器布局的分类更为准确。放置有车床、铣床等加工机器的工厂通常采用这种分类方法。

在作业车间型的生产现场，根据不同的加工功能（压轧、车削、焊接）分别把各种设备摆放在一起，并分别配备专职技术人员，使每一个区域成为一个加工中心（作业车间）。加工品在各式各样的作业车间来回流动，最终变为成品。 多品种小批量生产型产品的机械加工，通常采取这种形式。 对于这种生产类型，对进度进行严格管理非常重要。

在流水车间型生产现场，根据产品的加工顺序摆放设备。 参观此类生产现场时，站在生产线的起点朝终点望去，可以看到产品一步步成形的过程。 当生产的产品有一定的数量时，就需要布置流水车间。

流水线生产与单元生产

加工组装型工厂，还可以分为"流水线生产"和"单元生产"。

流水线生产是指将组装作业分成几个人一起来做，作业员按照制造工序一字排开（形成流水线）进行作业。 我们经常看到的工厂的照片上作业员们沿着传送带一字排开，就是这种类型。

流水线生产可以让每个人的作业简单化，所以在组织生产线时能够控制劳务成本。 如果运行顺畅则生产率也比较高。 但这种生产方式的流水线是根据一定产量进行的最优设计，所以如果生产量发生变动，流水线将很难灵活处理。 除此之外，由于作业单调，如何提高作业员的工作积极性也是一个难题。

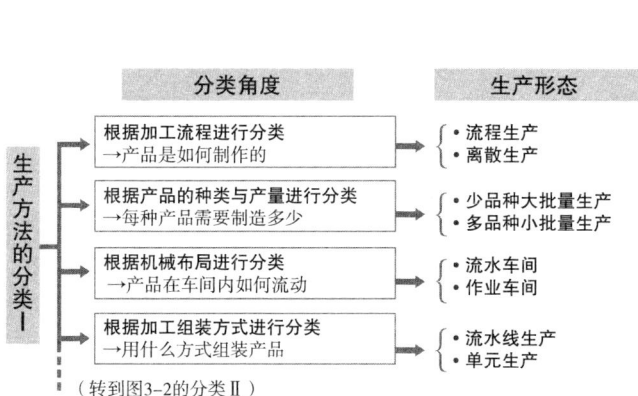

图 3-1　生产方法的分类 I

另一方面，单元生产是指一个人或少数几个人组成一个作业场所（单元）制造产品。必要的零部件及设备也根据每个单元分别进行配备。如果是个人单元，则由一个人完成产品的制造。虽然单元生产要求作业员具备较全面的技能，也会相应提高员工的成就感。该方式可以通过添加或减少单元数量灵活应对产量的增减。同时单元生产还能灵活应对产品制造工序的变化。

3-2　通过分类了解工厂 Ⅱ

对生产机制进行对比分类，可分为推动型和拉动型。

在描述生产机制时，经常用到"推动型"和"拉动型"这一对术语进行相互比较。 不仅在单纯讨论生产现场的机制时会用到，在广义上对生产机制的设计理念进行比较时也会用到。

推动型按照计划进行生产

"推动型"生产为了更高效率地推进生产而制定计划，并按计划进行生产。 这种生产方式认为，在理论上各个相关的部门不需要详细了解前后工序的情况，只要按照指示执行计划，就会自动实现整体上的优化。

然而在现实中，事情是很难按计划顺利开展的。 可能需求比预想的少，可能零部件出现不良品或缺货问题，还可能出现员工临时请假的状况等等——意想不到的事故随时可能发生。

当然，如果能够迅速制定出新的计划，事无巨细地预测到所有意外状况，并对各部门及时下达指示是最好不过的，然而这样的系统根本不存在。

其实从本质来看，计划体系的理念就是制定一定程度上的大体的计划。 这是因为，越是把现实世界的各种具体条件考虑进程序里，人们就越难驾驭这样的计划体系。 因此，细节部分需要由人实际进行调整。

尽管如此，在复杂的生产现场，人力调整也很难尽善尽美。 最终还是要忽略事态的变化，按照计划不停地生产（即推动型生产）。 这样就可能导致制造出的产品没有买家，或者畅销产品供货不足等事故的发生。

拉动型根据售出量进行生产

在"拉动型生产"中，卖掉多少制造多少，换句话说就是前道工序只补充生产后道工序取走数量的产品，是一种需求连锁型生产方式。该方式也被称为后道工序取货（即拉动）方式。这种方法与理念来自丰田（TOYOTA）生产方式。

采用这种方法，可以防止生产不必要的物品。而且还能针对卖得好的产品做出灵敏的反应。

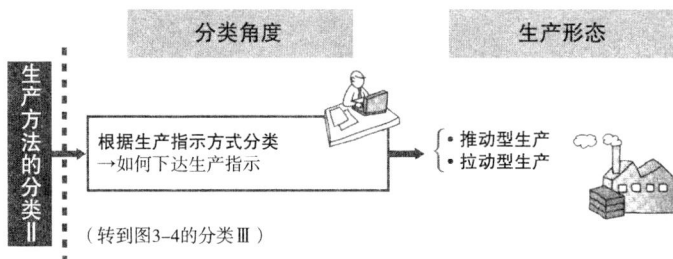

图 3-2　生产方法的分类 Ⅱ

这种方式，后道工序需要向前道工序传达信息，比如"产品卖掉了，需要再生产"；"零部件用完了，请追加生产相应的数量"等等。"看板"就是一种可以有效传达信息的手段。

看板机制是指首先在要送给后道工序的加工品上添加标签（此标签称为"看板"），后道工序的作业员在开始对加工品进行加工时，揭下标签返还给前道工序。这一行为表示

"用掉了一个，再送一个过来"。

图 3-3　推动型与拉动型的生产机制

前道工序在收到了来自后道工序的看板时才会进行生产
和供给。需要看板既是拉动（取货）的信号，同时也意味着
不领取不需要的东西（不让前道工序制作）——这一拒绝信号
的意义也非常重大。

"拉动型"生产也需要制定计划。按照计划安排设备、人
员和零部件等。但是，生产的执行要遵从后道工序发出的拉
动信号（看板）。

3-3　通过分类了解工厂 Ⅲ

按划分生产流程的角度来进行分类。

我们经常会听到"连续生产"、"重复生产"、"流动生产"、"流程生产"、"批量生产"、"成批生产"等术语。 把这些术语组合在一起描述工厂类型时，分析角度不像前两节的分类法那么明确。 在不同场合进行描述时，分类的角度也各不相同（参照图 3-5）。

根据不同的生产日程安排进行分类

首先可以根据不同的生产日程安排的方法进行分类。

假设某工厂一个月要生产 1 000 件产品。 有两种生产方法，一种是持续每天生产一定数量（一个月如果工作 20 天，则每天生产 50 件）；另一种是一次生产 500 件，共两次完成。 前者称为"连续生产"或"流动生产"，后者被称为"批量生产"或"成批生产"。 后者还可以称之为"间歇生产"，因为单看这一种产品，大多数日子的产量为零，而一个月里有两次（间歇），产量分别为 500 件。

丰田式的生产方式不喜欢间歇方式，他们排斥攒到一起生产，重视流动生产化，每天都制造一些。 因为这样的生产方式可以使看板循环通畅，发挥出拉动型生产的效果。

连续生产也被称为反复生产。 从事信息系统工作的人为了将其与个别接单式生产进行对比，而采用这种称呼。

根据对现场的不同指示方法进行分类

另一种分类的观点把分析角度放在对生产现场不同的指示方法上。

有两种下达指示的方法：一种是下达"本周必须以日产50件的进度连续生产"；另一种是下达"制造这一批的500件"和"制造下一批的500件"。 前者是连续生产，后者被称为成批生产或批量生产。

根据指示方式的不同，随后的计算成本的方法也会发生相应的变化。 批量生产以批为单位把握成本。 连续生产在计算成本时，对期间成本采取分摊的方式。

不过有一点不好辨别：即使生产是每天定量进行（看起来好像是连续生产）的，但指示可能是按批下达的。 这是因为，即使采用连续生产的方法，在管理上划分为一批一批，更易于管理。

流程生产和成批生产

还可以按加工过程的角度来进行分类。

流程生产（也称为流水作业）的典型例子是精炼石油，从原料进入管道到流出管道的过程中，产品一直在流动。 成批生产（批量制造）是因为一些产品需要暂时中断流程，在反应炉里统一处理。 例如酿造啤酒或制药等就采用了批量制造的方式。

对工序进行灵活安排，可以把批量制造流程化。 用烤炉烧制饼干原本属于批量生产，而如果在连续炉中放入传送带，就变成了流程生产。

当每一批次的产品对应不同顾客时，成批生产又被称为

047

批量生产。 特别是在食品及医药品行业，大多数情况下必须留下每一批的生产记录。

在加工组装型工厂，有时也会用到"流程生产"这一术语。 比如加工流水线会让产品从进入加工流程的入口直到走完整个流程都一路畅通无阻。

备货型生产与订货型生产

备货型生产与订货型生产的区别在于是拿到订单前进行预测生产还是接到订单后再进行生产。 图3-4 在介绍这两种生产方式的特征时，表述为"根据库存点进行分类"。 对此将在下一章进行阐述。

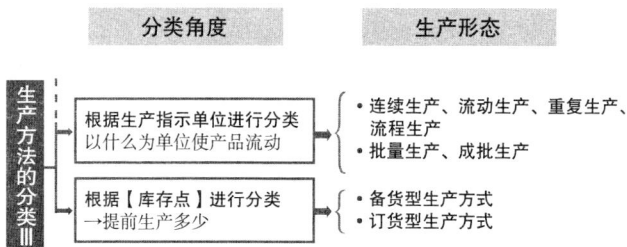

图3-4　生产方法的分类Ⅲ

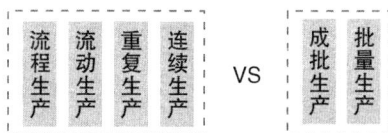

图3-5　不同分类的术语对比

3-4 顾客的等待时间与生产方式

准备库存是为了抓住顾客。库存方式不同，生产方式也随之发生变化。

假如顾客在发出订单后愿意等候产品的完成，并确定照单全收的话，生产管理将会变得相当轻松。 除了建筑公司需要在接到订单后才施工建造的情况之外，绝大多数场合下顾客不会优哉游哉地等到产品做完。

因此为了抓住顾客，企业会在接到顾客订单前就采购好原料，或者先把产品生产出来。 也就是说，不得不采取准备库存的方式来争取时间。

持有库存的方法不同，生产方式就不同

选取怎样的库存方式，取决于顾客愿意等待的时间。

首先让我们假设顾客一分钟也不愿意等候的情况。 这种情况下店铺会持有产品库存。 比如便利店销售的快餐盒饭就是典型代表。 这种方式叫做"完全备货型生产"。 摆在店面里销售的商品几乎均属于此类型。

其次，在顾客多少能等一会儿的情况下，企业会事先完成产品的一部分，等接到订单后再把剩下的工序做完。 比如卖汉堡包或者烤鸡串的小店就采用这种方式。 这种类型的生产方式叫做"半备货型生产"。

这种生产方式制造的产品并不怎么面向终端用户，一般

在采购商品的销售点与制造商之间，或者加工组装厂商与零部件生产商之间采用该生产方式。比如采购半导体等物品需要花费一定时间，所以先做好一部分，根据最终订单再完成最后的工序。

那么，顾客多少肯花些时间等候的情况又该采取怎样的库存方式呢？这种情况下，工厂会持有部件或中间产品的库存。西餐厅就采用这种方式。读者们也可以联想一下根据样品款式订制西装或购买汽车，就更容易理解这种生产方式了。

上述生产方式叫做"订货型生产"，在企业间的交易中也能经常见到这种生产类型。此类样品无论是通用的还是特制的，都会提前设计好，事先作为样品列在一张表上供顾客选择。

除上述情况之外，本小节开始介绍的建筑公司等企业，自己没有库存，而是在接到订单后采购原料，这叫做"完全订货型生产"。这种生产方式有时也称为"项目型"生产，造船等就是典型的例子。

如何减少库存导致的损失

在生产过程中，持有库存的场所称为库存点。库存点尽量安排在靠近源头的位置（参照图 3-6），这样可以减轻风险。

所以在整个供应链中，应该尽量减少店面库存或者流通库存，尽可能朝订货型生产的形式靠拢（只在需要的时候制造且仅制造必需数量的商品）。也就是说把库存点放置在原料或零部件的环节。

如本小节的图 3-6 所示，库存点的左侧是预测，右侧是对应的实际需求。库存点也可以看作是预测与实际需求相遇的交点，因此有人还将其称为耦合点（Coupling Point）。

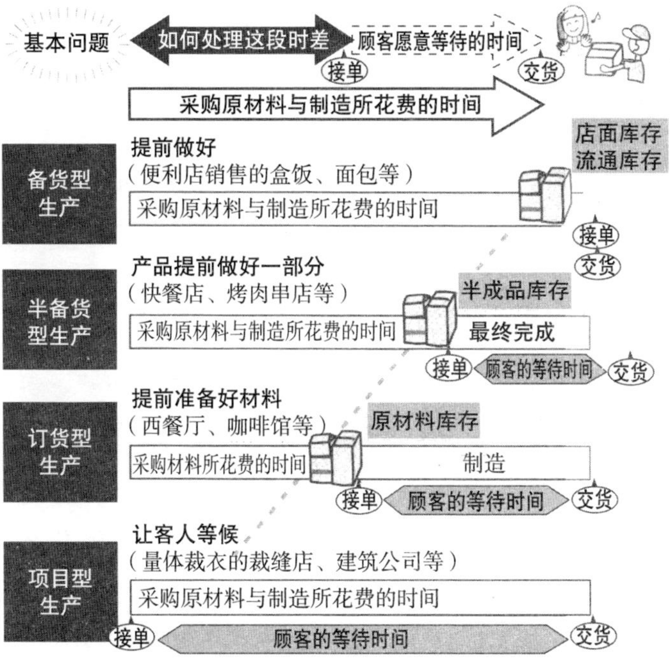

图 3-6　顾客的等待时间与库存管理要点

专栏3　工厂仍然是一座"宝库"

日本度过了战后的混乱期，并在经济上实现了令人瞩目的成长，可以说是"制造业"的功劳。论大量生产优质产品的能力，日本制造业属于世界第一。虽然曾经有一段时间，人们开始疏远制造商，年轻一代不愿意在工厂工作，但即使在今天，工厂仍然是企业的"宝库"。下面就让我们以"无形财产"为例，思考一下工厂对于企业的重要性。

所谓无形财产，就是企业里无法直接看到的财产。其中的典型代表就是"专利"。一家企业独有的技术可以通过"专利"的形式得到保护。一旦取得了专利，就可以阻止其他企业的同类产品参与竞争，或者以专利授权的形式获取使用费。

专利能为企业带来利益，是名符其实的财产。而除了专利之外，还有其他东西可以为企业带来利益，比如在工厂中应用的生产流程。关于生产流程中总结出的经验与诀窍（采用什么和什么作为原料，使用什么工具，采用什么步骤制造等等）对于企业而言是专利难以替代的宝贵资产。这些通常被称为商业机密或企业秘密（营业秘密）。

专利这项制度具有两面性，作为公开技术内容的回报，赋予了持权人垄断性的地位。换句话说，虽然通过授权可以获取相应的收入，但在另一方面，企业也暴露了自己常年酝酿而成的企业秘密。

一个企业，不管竞争对手愿意花多大的价钱购买自己的专利，也肯定不想让对方用到涉及自己企业机密的部分——这恐怕是所有企业的心里话。实际上有很多企业对于自己真正重要的技术，不会作为专利去公开，而是作为企业秘密严加保管。

说到这里，笔者不由得回想起来，那些允许外人参观自己工厂的企业，好像都把真正最关键的流程放置在了远离参观路线的场所。

这么看来，无论是过去还是现在，工厂一直都是企业的"宝库"。

（执笔者：太佐薫）

第 4 章
工厂整体的运作机制

4-1 产品最终成形的全过程

很少有产品只在一间工厂就能够完全做好。物品在成为最终产品之前，会流经多家工厂。

物品从工厂到工厂的移动

工厂多种多样，有些工厂生产汽车、电视机、手机终端、药品等消费者直接使用的"最终产品"，还有些工厂生产"零部件"，比如在冶炼钢铁或制造半导体后把产品提供给其他工厂作为零部件或材料。

此外，还有些工厂制造机床或半导体制造装置等工业机械。

生产零部件的工厂用铁矿石等作为原料炼铁（生产钢铁材料），再用钢铁作为材料制造螺栓、螺母等零部件。

生产发动机或电子元件等中间产品的工厂，对使用各种原料制成的零部件进行加工组装，生产出多种中间产品。

生产最终产品的工厂，或者采购多种中间产品，或者自行生产，筹集最终产品所需的所有中间产品，对其进行加工组装以制造成品。

最终产品既包括一般消费者日常使用的产品（生活物品），也包括机床、半导体制造装置等面向企业的工业用产品（生产原料）。无论是哪种类型的最终产品，均需要经过这样的过程：在某工厂里作为可交付物（输出）的 A 产品，在下一家工厂中被使用后成为原料（输入），并在该工厂成为 B 产品。

反复进行多次上述操作，就制造出了最终产品。

制造一台电脑的过程

下面让我们以电脑为例，观察产品在最终成形之前，物品是如何流动的（参照图 4-1）。

首先，电线厂生产铜线，并将其提供给马达工厂。用这些零部件制造马达。

马达作为零部件之一被送往硬盘工厂，然后制造电脑中负责记忆数据及程序的硬盘。

接下来，负责加工组装电脑主机（算数逻辑单元）的工厂，投入主板（电路板）及硬盘，加工组装成主机。

然后，根据企业自己的部门或直接来自顾客的要求规格，选择必要的主机和显示器、键盘、电缆等，并将其作为最终产品送往各地。

在以上一连串的加工过程中，各个工厂会进行反复多次检查，质量不合格就过不了关，不会被送往下一家工厂，也无法作为最终产品交货。 只有所有检验都合格，才能最终送到消费者手中。

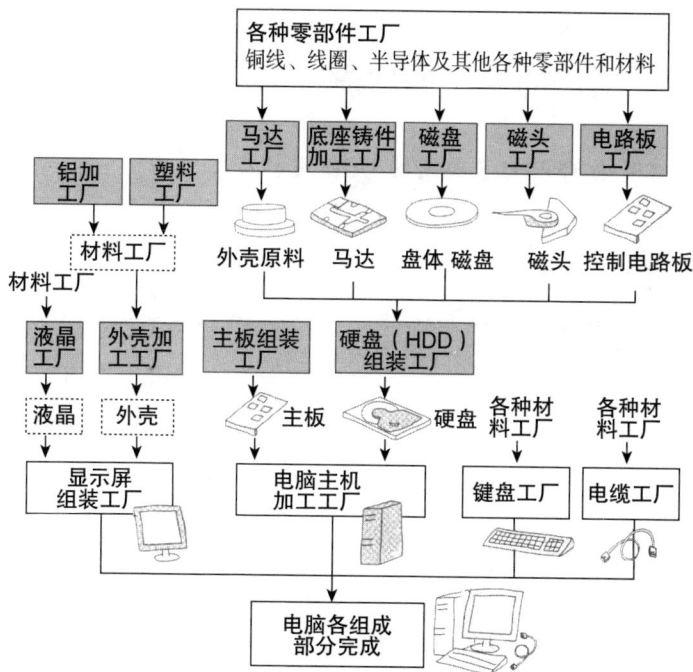

图 4-1　电脑制造过程中各工厂间的关系

供应链管理

以上所述的过程其实就是一条"供给锁链"，也就是供应链。 从最初的原料工厂到形成最终产品的工厂间的流程，以及"代理商→批发商→零售商→消费者"的流动，从整体上构成了一条供应链。

而供应链管理，就是对整个供应链的物品的流动（物流）、资金的流动（资金流）、信息的流动（信息流）等进行迅速而且有效的管理。

4-2 工厂的工作如何流动

工厂各部门为了共同的 QCD 目标齐心协力。

工厂的目标

工厂的规模千差万别，小到只有几个人工作的小作坊，大到几千人工作的大型工厂。 但无论规模如何，工厂的目的是生产优质的产品，并以低廉的价格准时迅速地交给顾客。

工厂的业务流程

开发和设计新产品时，有关产品的信息会交送给工厂。这些信息被称为标准信息，由零部件或产品相关的图纸以及规格信息（品种信息），标明产品由哪些组件或零部件构成的产品组成一览表（"物料清单"）等构成（参照第 7 章第 4

小节）。

在工厂里，生产技术部门除上述信息外，还同时使用工艺流程图（关于如何制造产品的信息）进行生产准备。

营业部门根据产品的销售预测制定销售计划。 营业部门与工厂的生产管理部门根据销售计划制定生产计划。 通常这项业务称为产销存计划——生产、销售、库存计划（参照第7章第2小节）。

产销存计划是针对未来数月而制定的，但首先需要确定未来一到两个月的生产计划，并以此作为基础安排人员，准备零部件。 在工厂，除了要制定上述生产计划，还要制定进行生产时的机械与设备计划以及所需人员计划。

确定了生产计划后，要根据该计划计算订购零部件的时间。 这项工作称为 MRP，在第 7 章第 5 小节将做进一步说明。

到了需要订货的时期，就会发出物料采购订单和生产零部件的指示（当零部件由企业内部生产时）。 如果是从供应商那里收到订购的零部件，需先将其作为库存保管在仓库里，为生产做好准备。

以上所有准备工作完成后，进入对实际制造下达指示的阶段。

备货型生产方式和订货型生产方式（参照第 3 章第 4 小节）会下达不同的生产指示。 如果采用备货型生产方式，一到计划中的着手生产的时机，就会下达生产指示。 而采用订货型生产方式的话，是在接到订单（顾客发出的采购单）后才下达生产指示。

生产部门接到生产指示后，依照订单在工厂进行生产，并在质检后完成工作。 这段时间内的生产进展情况及实绩等的作业管理被称为"流程管理"。

在生产现场需要对采购来的零部件和生产的零部件进行仔细严格的检查，以防止残缺品混入其中。 只有通过所有检查的物品才算完成生产，可以提交给顾客。 交货时机的原则是满足顾客希望的交货期。

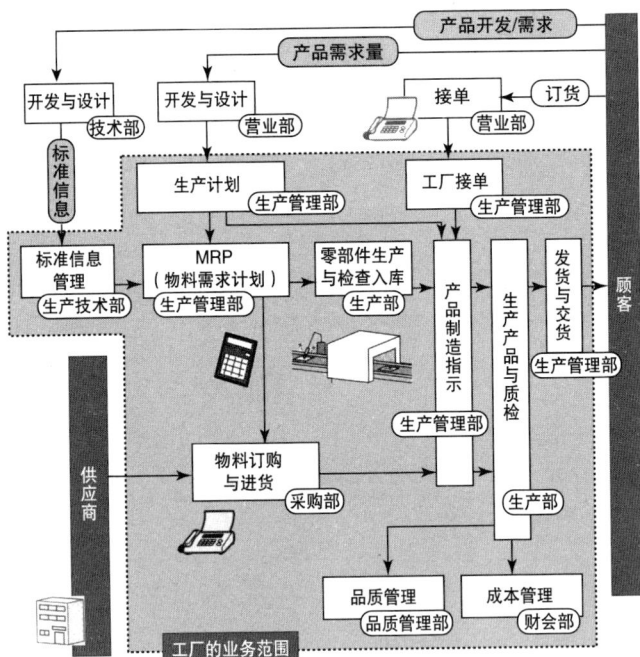

图4-2 工厂的业务流程

　　除以上业务外，产品的成本管理也非常重要。 需要收集
相关信息，例如"生产什么产品时使用了什么零部件、分别
使用了多少件"，"生产和质检花费了多少工时"等等，并据
此计算出产品的成本。

　　如上所述，工厂的各部门各尽其职，有机合作，以保证
达到 QCD 的目标。

4-3 工厂内全部物品与信息的流动

把握全部物品与信息的流动情况，是了解工厂业务的捷径。

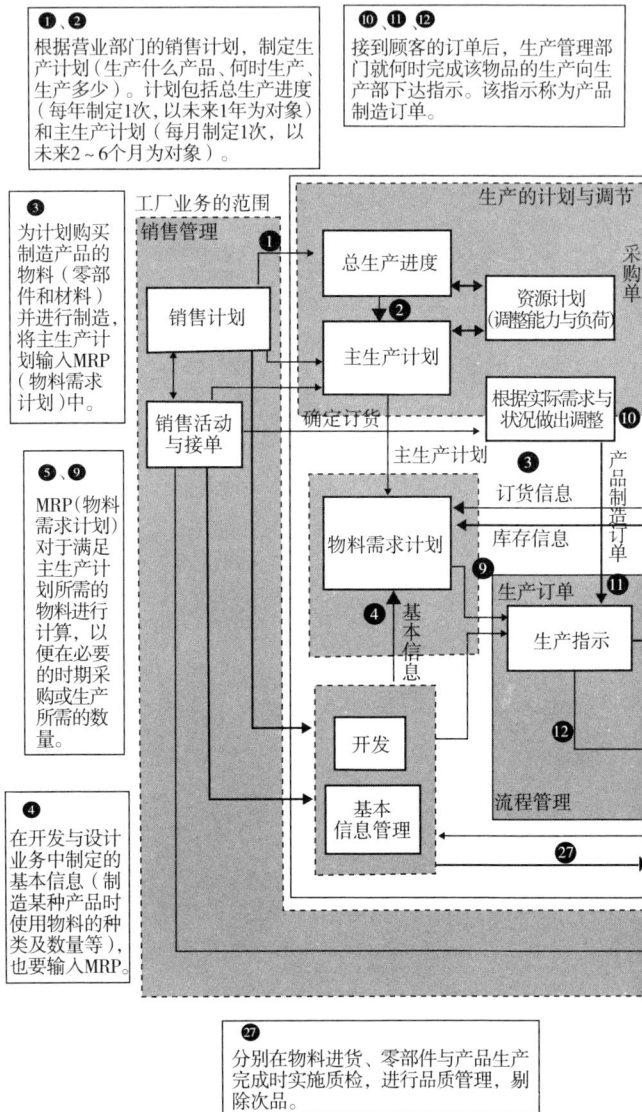

❶、❷ 根据营业部门的销售计划，制定生产计划（生产什么产品、何时生产、生产多少）。计划包括总生产进度（每年制定1次，以未来1年为对象）和主生产计划（每月制定1次，以未来2~6个月为对象）。

❸ 为计划购买制造产品的物料（零部件和材料）并进行制造，将主生产计划输入MRP（物料需求计划）中。

❺、❾ MRP（物料需求计划）对于满足主生产计划所需的物料进行计算，以便在必要的时期采购或生产所需的数量。

❹ 在开发与设计业务中制定的基本信息（制造某种产品时使用物料的种类及数量等），也要输入MRP。

❿ ⓫ ⓬ 接到顾客的订单后，生产管理部门就何时完成该物品的生产向生产部下达指示。该指示称为产品制造订单。

工厂业务的范围

生产的计划与调节

销售管理

销售计划

销售活动与接单

总生产进度

主生产计划

资源计划（调整能力与负荷）

确定订货

主生产计划 ❸

订货信息

库存信息

物料需求计划

基本信息

根据实际需求与状况做出调整 ❿

采购单

产品制造订单

生产订单 ⓫

生产指示

开发

基本信息管理

流程管理

❶ ❷ ❹ ❾ ⓬ ㉗

㉗ 分别在物料进货、零部件与产品生产完成时实施质检，进行品质管理，剔除次品。

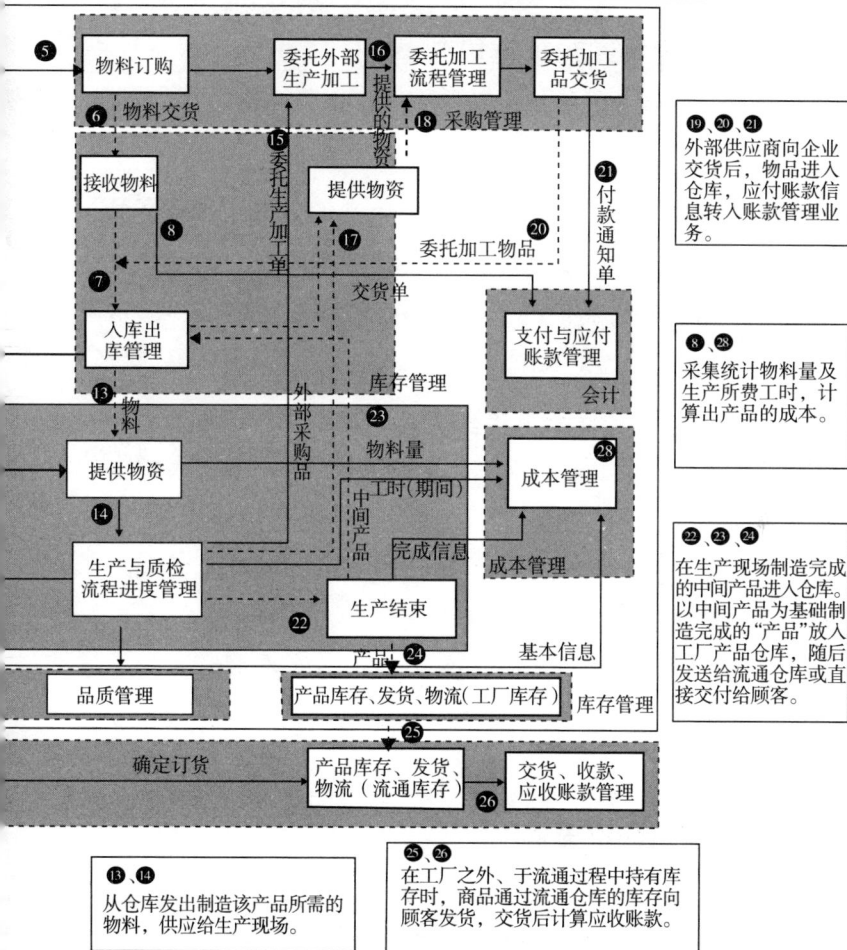

图 4-3　工厂内的物品与信息的流动

⑤、⑥、⑦
把物料的订购单发送给物料供应商，收货后将其放入物料仓库。

⑮、⑯、⑰、⑱
当委托公司外部的生产商（外部供应商）进行加工或组装时，向其发送委托加工单，并向外部供应商提供加工或组装时所需的物料（委托加工物资）。

⑲、⑳、㉑
外部供应商向企业交货后，物品进入仓库，应付账款信息转入账款管理业务。

⑧、㉘
采集统计物料量及生产所费工时，计算出产品的成本。

㉒、㉓、㉔
在生产现场制造完成的中间产品进入仓库。以中间产品为基础制造完成的"产品"放入工厂产品仓库，随后发送给流通仓库或直接交付给顾客。

⑬、⑭
从仓库发出制造该产品所需的物料，供应给生产现场。

㉕、㉖
在工厂之外、于流通过程中持有库存时，商品通过流通仓库的库存向顾客发货，交货后计算应收账款。

信息的流动 ⟶　物品的流动 ⤍

物料订购　委托外部生产加工　委托加工流程管理　委托加工品交货
物料交货　采购管理
接收物料　提供的物资　提供物资　付款通知单
委托生产加工单　委托加工物资
交货单
入库出库管理　支付与应付账款管理　会计
库存管理
物料　外部采购品　物料量　成本管理
提供物资　工时（期间）　成本管理
生产与质检流程进度管理　中间产品　完成信息
生产结束
品质管理　产品　产品库存、发货、物流（工厂库存）　基本信息　库存管理
确定订货　产品库存、发货、物流（流通库存）　交货、收款、应收账款管理

063

4-4　产品送交消费者的流程

因特网的应用使物品的流通路线越来越多样化。

物品的流通渠道越来越复杂

物品的流通路线呈现复杂化的趋势，但大体可以分为若干模式（参照图4-4）。

大型公司最常见的方式是 A 型路线。如果生产最终产品的生产商拥有子公司，那么产品的流动方式基本上是"产品生产商→产品生产商的销售子公司→批发商→零售商→消费者"。

B 型路线是产品生产商的销售子公司经由下属的零售店销售给消费者。典型代表是家电生产商经由相关电器店来销售家电产品等。

采取 C 型路线的多为销售汽车或活动组装式住宅等的耐久性消费材料的企业。

采取 D 型路线的，例如销售药品，产品由批发商通过零售商进行销售。

近年来还有网络流通

F 型路线表示的情形是，较大规模的零售商从产品生产商手中大量购入商品，由此降低进货成本，低价提供给消费者。比如家电零售企业就属于这种情况。

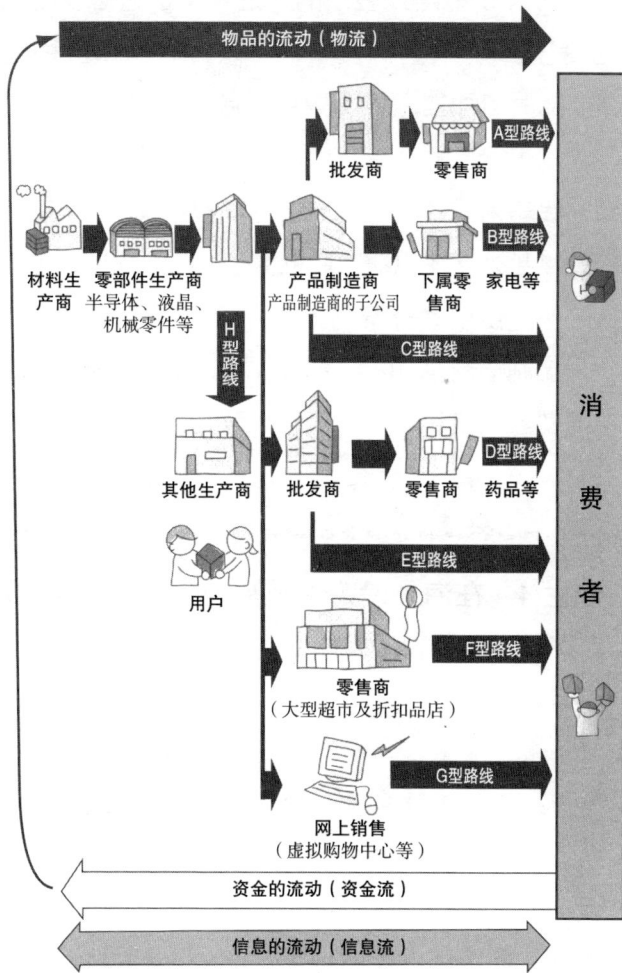

图 4-4　产品交付消费者的流程

　　采用上述方式，可以省略"中间批发商"的环节，达到提高效率、降低成本的效果。

E 型路线和 G 型路线表示的是近年来迅速普及的网络销售的流通途径。今天的消费者，可以对商品和价格进行比较，购买商品时更加实惠。此外，消费者还可以指定产品的样式，订制属于自己的产品。

H 型路线略为特殊。工厂生产的商品，除了一般消费者直接使用的物品外，还包括工业机械——比如车床、生产半导体的装置等工厂使用的机器。而后者由生产商销售给使用这些机械的产品制造商。也就是说，在 H 型路线中，产品制造商变成了消费者的身份。

专栏4 在海外设置生产基地会遇到各种麻烦

在今天，生产基地的全球化不断发展。

下面为读者们讲的小故事，是某外资电脑零部件制造商在东南亚某个国家开设量产基地时发生的。该企业想把一直以来设在日本的生产基地进行扩大，即在日本搞实验开发，在海外进行量产。

该公司要频繁使用电脑，进行大量的数据通讯。起初这家公司很理所当然地认为，时至今日无论是多么偏远的山区，最起码都应该有电脑和电话。然而实际到了生产基地才发现，虽然通信网络是有的，但从质量稳定的角度来看，情况远远低于想象。

在此之前，当地人曾告诉过这家公司，通讯方面是
完全没有问题的。不过事后再去回想，他们之所以那么
说，是因为这个国家的人不但生性温和，对日本非常友
好，而且尤其不喜欢说让对方失望的话。

于是日方向该公司位于本国的负责远东生产的董
事建议，首先必须布置好卫星通讯并铺设好光纤。但这
个董事则认为，无论在哪个国家，通讯基础设施都应该
像是在欧美或日本一样，有是最起码的，能运转也是最
起码的，并固执地坚持"公司不能对这种多余的项目
进行投资"。到了最后这个董事甚至拍着桌子喊："为
什么保证不了更稳定的质量？这是违反合同，我要告你
们！"无论怎么解释，都得不到他的理解。

正在日方束手无策的时候，新的麻烦事来了。这一
次通讯中断了两三天时间。这更是把负责的董事气得
吹胡子瞪眼："到底怎么回事？你们打算怎么解决？怎
么负这个责任？"

经过调查，才知道到底发生了什么。

"原因在于作为数据通信线路的铜线被人偷走了好
几百米。"

"What？"

"遇到专门偷电线的小偷了。"

"????"

这个董事根本理解不了为什么会发生这样的事。或许他以为区区几百米电线换不了几个钱，但是考虑到当地工人的工资，电线的价格其实是相当可观的。

最后总算是让总部理解了当地的状况，该公司终于按照最初的提议在基地内铺设了大型抛物面天线，并配备了卫星通讯设施——对于回复速度多少会有延迟也做好了心理准备。然后以承担一部分初期投资费用为条件，尽早让当地公司铺设了光纤，保证了稳定的通讯环境。

这个故事就告诉我们，每个国家都有各式各样的价值观、习惯、风俗以及思考方式，决不能仅以自己国家的社会规范对一切事物进行判断。

（执笔者：新堀克美）

第 5 章

纪实报告——工厂各部门负责人的 1 天

5-1　各个部门共同支撑着整个工厂

虽然工厂的机制可以看作是由厂长当家的独立性组织，而实际上工厂与外部的组织和各部门都有着密切的联系。

工厂的各个组织为了 QCD 齐心协力

工厂与其上级组织的关系形式因企业而异。本小节的图 5-1 和图 5-2 分别演示了事业部制的组织与职能分权制组织的范例。下面，让我们以事业部制企业为例看一下各组织的情况（参照图 5-1）。

图 5-1 中所示的企业在公司里有两个事业部。

在事业部门里有营销部、技术部（负责产品的设计与开发）和生产总部（负责生产制造）。每个事业部仅有一个工厂，而生产总部的领导也兼任该工厂的厂长。

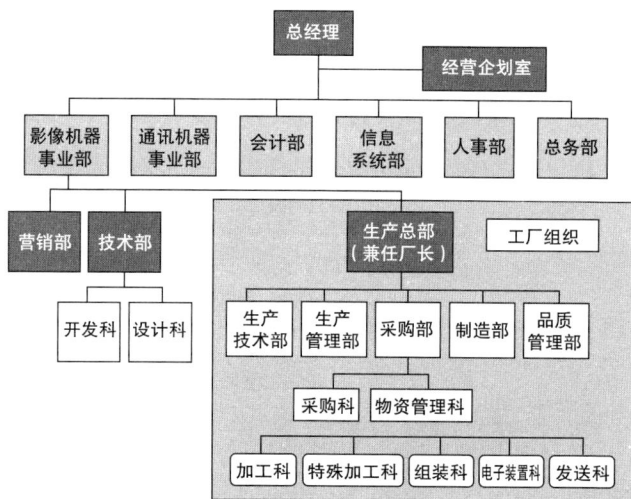

图 5-1　公司组织：以事业部制为例

生产技术部从生产的角度，针对已经开发出的产品，研究什么方法可以使生产的效率更高、成本更低，以及应该采用什么设备与工具，并为生产做好准备，加以推行。在工厂里，生产总部负责降低生产的成本（Cost）。

生产管理部主要管理工厂内的产量及产品的交期（Delivery）。也就是说，该部门的重要课题是保证在产品发货时满足顾客要求的数量和交期（交期遵守率）。

采购部负责从外部供应商处购买制造产品时需要的物资

（零部件和材料等），并对其加以管理。 采购科负责筹集物资，物资管理科对采购来的物资进行接收、保管、出库等作业并实施有关管理。

制造部拥有生产现场，负责零部件的加工及产品的组装和发送。 在图5-1所示的企业中，加工科负责机械加工，特殊加工科负责电镀及涂装。 发送科如其名，负责向顾客或本公司的仓库发货和运送。

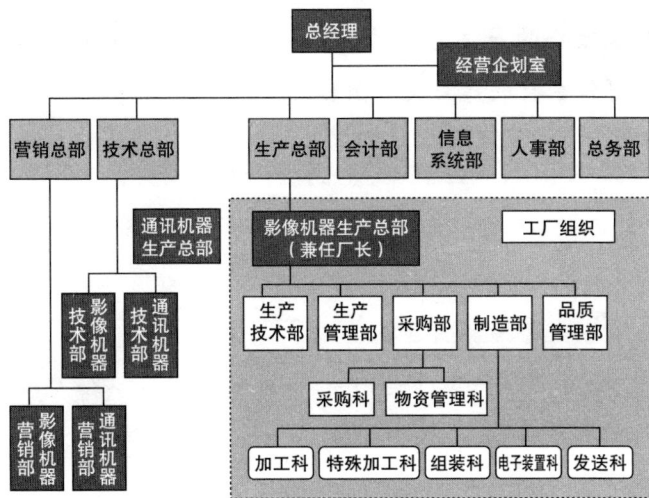

图5-2 公司组织：以职能分权制为例

品质管理部是主管品质管理（Quality）的部门。 该部门制定零部件或产品的相关检查标准，并进行实际的检测。 同时也就顾客提出的产品质量方面的问题，接受顾客的投诉并处理相关责任问题（PL）。

如上所述，工厂就是以外围部门辅助生产现场的形式，在发挥各个部门作用的同时，从整体上对工厂的基本职责——QCD（品质、成本、交期）进行不断改善的组织。

5-2　技术（开发设计）部门的工作

技术部门的开发工程师 E 先生的一周

E 先生是负责开发电器产品的工程师。E 先生认为从事开发工作最重要的是把先进的科技融入即将开发的产品中，并时刻思考什么样的产品便于顾客使用。

E 先生所在部门的员工们正在齐心协力开发某种新产品。 而 E 先生也负责某个组件（新产品的一部分）的开发与设计。

E 先生上午 9 点来到公司后，首先会浏览市场调查结果，对于消费者喜欢什么样的产品进行彻底的调查。 当他通过市场调查得知"东西首先最好是又轻又小"后，脑海中立刻浮现出了开发的好点子："下次就用那种材料好了"。 所以说，作为一个开发工程师，必须具备主动设想到满足市场需求的新产品的能力。

于是 E 先生马上开始研究那种材料的实用性，比如应该从什么阶段开始使用，从哪里进货可以降低成本，公司内部有没有加工那种材料的设备等等。 E 先生对上述问题逐一分析，同时将结果总结成报告。

在这个环节有一点绝对不能忽略，这就是对环境的影响。 不管设计出来的轻型零部件如何受到顾客的欢迎，只要那种材料会对环境或人体产生不良影响，就绝对不能使用。

成本

质量

交期

E 先生在结束午休后，从下午开始，他把从昨天开始着手研究的试制品的简单图纸做完，然后送到制造部加工科的科长手里，请他在第二天上午之前做出来。

这周末加紧工作，下周带孩子出去玩。

工作进行得非常顺利，第二天试制品完成了。 下一步是对试制品进行评测，看看做出来的每一件试制品的性能和质量是否达到了目标水平。 评测的结果是基本性能没有问题，经过一些改动后就可以达到安全组装进产品的水平。

073

下周安排了针对新产品的设计评估会议。 这个设计评估会将从 Q（质量）、C（成本）、D（交期）的角度，对该产品是否能够满足顾客的需求和收益方面的需求，以及是否能够符合现场的要求等进行一一确认。

如果觉得不符合要求，就需要对现阶段的设计进行更改。 只有最终得到认可的东西才能成为产品，才能放到生产线上去。

为了迎接设计评估，E 先生要着手进行相关准备，比如修改图纸，对试制品测评进行总结等等。 E 先生决定这个周末去公司加班，完成这些工作。

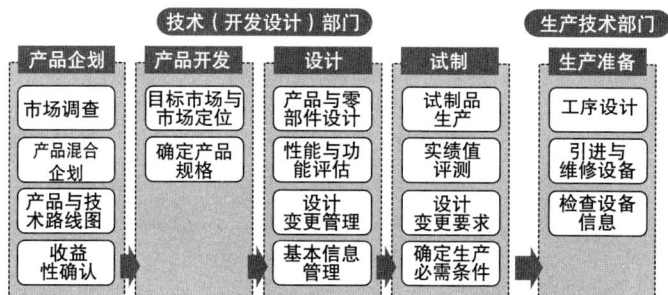

图 5-3　技术（开发设计）部门的工作范围

如果下个星期的设计评估合格了，E 先生打算下周末带着孩子去迪斯尼乐园玩，那是孩子很早以前就盼着去的地方。

5-3 生产技术部门的工作

生产技术工程师 M 先生的 1 天

M 先生进入公司已经是第 4 个年头了，他是电器产品的生产技术工程师。

他的科长这样教导他，"生产技术的责任就是设计生产的方法（工艺），使开发的商品以更好的质量、更方便的生产方法和更高的效率制造出来"。

M 先生跟上一小节介绍的技术部门的 E 先生一起在参与新产品的研发。

M 先生非常认同科长的教导，于是他开始思考，在开发新产品时是应该继续坚持以前的传送带方式，还是采用 1 个作业员从头到尾对整个产品进行组装的单元生产方式。

最近生产技术部门正在积极推行"并行设计"（CE，Concurrent Engineering）。这项活动是指生产技术工程师从开发的早期阶段就参与进来，从生产制造的角度提出意见，并将其逐一反映到设计里。也

075

就是说，通过并行设计，可以缩短产品的开发周期，并创造出更流畅的生产过程。

技术部的 E 先生希望两个部门合作，今天就是他们共同对新产品进行试制评估的日子。 所以，M 先生打算赶在中午前把从生产技术角度提出的意见整理出来。

下午 M 先生打算制作生产新产品用到的流程表，这张表的作用是为了表明制造新产品时组装零部件的顺序和具体方法。

对于制造方法，M 先生一直有个地方不明白。 于是他去找对这种类型的生产经验丰富的制造部科长 K 先生寻求建议。 询问过 K 先生后，M 先生得到了有效的意见，并马上将其反映到流程表里。

M 先生认为自己所在的部门，也就是生产技术部是沟通技术部门和生产部门的桥梁。 因为技术部门刚设计出的产品投入生产现场时难于制造，不但生产效率低而且残缺品率很高，这种情况下反而加大了成本。 M 先生认为自己的工作就是解决这样的问题。

除此之外，M 先生还认为在新产品立项后，改善量产时的生产方法并提高产品质量也是生产技术部门的重要工作。

M 先生在日常工作中深切体会到，虽然每个部门都有自己本来的任务，但很多问题只靠自己部门是解决不了的，所以各部门之间需要相互帮助与配合。 于是他会积极地向技术部门提问和发言。 与此同时，当在制造方法上遇到疑问时，他也会积极地向作为后道工序的制造部门的工作人员们倾诉，比如寻求科长 K 先生这样的专家的意见。

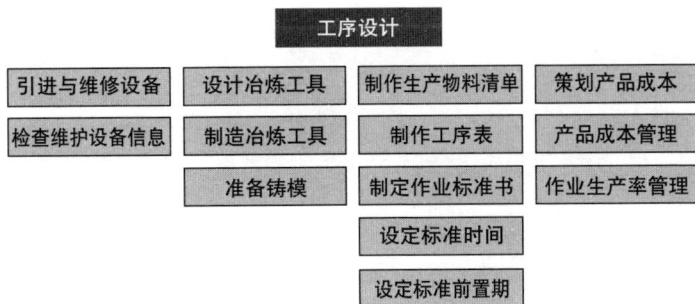

图 5-4　生产技术部门的工作范围

下个星期一是设计评估会，M 先生打算以今天 K 先生提供的意见为基础，提出更改产品设计的方案。 使用更改后的生产方法，能够在相当大程度上降低成本。 M 先生在写完对现在的产品设计进行部分更改的"设计变更委托书"后，结束了一天忙碌的工作，下班回家了。

5-4 生产管理部门的工作

生产管理部 C 先生的 1 天

C 先生在某电器生产商的工厂生产管理部工作，主要是负责产品的数量和交期管理，同时还负责物资与产品的库存管理。生产管理的工作经常会遇到一些紧急事件，还要解决很多意想不到的麻烦，因此工作很难按计划进行。

C 先生所在的工厂总共生产约 30 种产品。 C 先生负责其中 3 种，对产量和交期等进行管理。

今天是星期三，这一天要对制造部下一个星期的生产下达指示，C 先生正在做相关的准备工作。 如果下午 5 点之前做不完生产计划的均衡化并输入信息系统，第二天星期四早上制造部就拿不到生产指示书。

在拼命赶工中，一转眼已经过了 11 点。 这时品质管理部的 H 先生打来了电话。 电话里讲道，C 先生负责的一种产品出现了质量问题，停止发货了，所以要 C 先生马上去参加解决办法的会议。

停止发货了！ 怎么办？！

C 先生进入会议室，看到相关部门的 8 个员工已经就坐了。 根据品质管理部负责人的说明，现在还没搞清楚故障原因。 经过大约 40 分钟的会议讨论，他们预计该品种的出货还要继续停止 24 小时，并决定采取交期方面的对策。

C 先生打电话联系营销负责人，向他报告了现状，并告诉
他停止出货的情况下向顾客交货的预定日期。

C 先生把这项工作做完后才发
现，午休时间已经结束了。

C 先生抓紧时间塞了几口饭，
又立刻投入到上午没做完的工作
中。 最后完成下星期生产指示的
输入工作时，已经到了下午 4 点
左右。

紧接着， C 先生针对采购部
门，开始了督促购买物料的准备工
作。 这时候，品质管理部的 H 先
生发来了公司内邮件。 邮件中说
已经查清了之前停止发货的产品的

故障原因，预计明天上午 9 点之前就可以解除停止。

C 先生马上发邮件联系所有的相关营销负责人，告诉他们
预计明天可以继续发货。

一转眼就到了下班的时间。
故障顺利排除了，而且今天又是无
加班日，正当 C 先生想早点下班
时，采购部的 K 先生匆忙赶了过
来。 说就在刚才供应商打来电

话，预计明天早上进货的重要零部件有可能送不到了……看

来又要处理新的麻烦了。

图5-5 生产管理部门必须负责的工作范围

虽然这项工作突然事件接连不断，不过 C 先生觉得自己的性格很适合，他很喜欢这项工作。 因为他很享受与同伴们相互配合解决困难并让产品如期送到顾客手上的感觉。

5-5 采购部门的工作

采购负责人 K 先生的 1 天

K 先生在某液晶屏制造商的采购部门工作。采购部门的 工作是能够保证及时迅速地向顾客提供所需物品，所以非常 重要。

生产东西时肯定需要一定的材料和物资。 如果不能按 计划收到原材料，就会拖延生产时间，赶不上顾客的 交期。

为了让相关部门顺利进行生产制造，K 先生今天也要处 理各项相关工作。

K 先生的一天，首先要对订货的原料和物资进行管 理。 为了保证原料和物资不耽误交期，K 先生要检查进货安 排，并根据需要督促外部供应商。

于是 K 先生使用一种叫做跟进 （Come-Up）系统的方法管理交期。 这 种方法是按照交期顺序排列订货单，来 进行交期管理。 K 先生打电话给预定 明天要送货过来的供应商，确认其是否 能按期交货。 如果交期延迟的话，就 要对什么时候能交货进行交涉。

在督促交期的工作告一段落后，K 先生开始了每星期二

081

都要做的 A 级零部件的订货工作。 K 先生所在的公司，每个星期订 1 次 A 级零部件（如彩色滤光片等），每个月订 1 次 B 级零部件（如边框等）。

不同零部件有不同的订货量，只要把每天使用的数量（消费速度）以及从订货到进货所花的天数（进货周期）等输入电脑，就会自动得出订货量。

在实际订货时，向每个供应商分别发出订单，通过各个公司的网页完成订货。

K 先生匆匆吃过午饭，当订货工作告一段落时已经接近下午 2 点。 2 点开始要和新的供货商开碰头会。

在此之前，针对该公司生产的液晶里侧的背光灯，客户曾提出过希望能增大亮度的要求。 对于客户的这一要求，K 先生对新的供货商进行了调查。

而今天，K 先生就要跟自己看好的供货商进行第一次商谈。不但要确认背光灯的亮度、耗电性等规格上的数据，还要确认价格和交期等问题。 另外，出现故障后如何解决也是必要的商讨内容。 认真仔细地核对了所有的条件，K 先生在商谈后向公司内的开发负责人及上司进行反馈，最终将从品质和成本的角度来商讨是否跟新的供应商签合同。

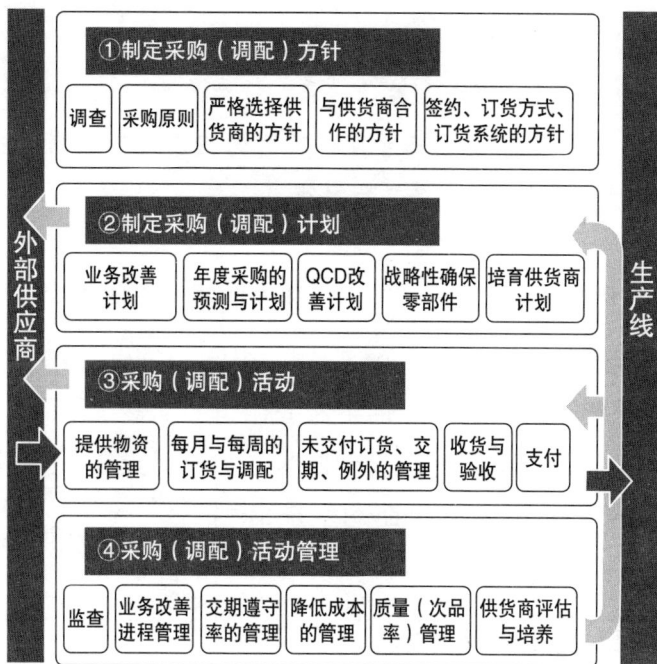

①制定采购（调配）方针

| 调查 | 采购原则 | 严格选择供货商的方针 | 与供货商合作的方针 | 签约、订货方式、订货系统的方针 |

②制定采购（调配）计划

| 业务改善计划 | 年度采购的预测与计划 | QCD改善计划 | 战略性确保零部件 | 培育供货商计划 |

③采购（调配）活动

| 提供物资的管理 | 每月与每周的订货与调配 | 未交付订货、交期、例外的管理 | 收货与验收 | 支付 |

④采购（调配）活动管理

| 监查 | 业务改善进程管理 | 交期遵守率的管理 | 降低成本的管理 | 质量（次品率）管理 | 供货商评估与培养 |

外部供应商 　生产线

图 5-6　采购部门的工作范围

　　K 先生所在的公司采取开放式采购的方针，认为"只要是好东西，不管是哪里都可以采购进来"。 所以，K 先生并不局限于日本国内，还把目光投向国外，寻找能以低廉的价格提供高质量的原料与物资的供应商。

5-6　生产部门的工作

生产部门的小组长 G 先生的 1 天

G 先生任职于某机械生产厂家，是生产部门的小组长。G 先生的工作，是根据生产管理部下达的指示进行生产作业与进程管理，按计划完成产品的制造。

G 先生参加工作已进入了第 6 个年头，他担任生产部门的小组长。 他的小组共由 5 名成员构成。

G 先生上班后的第一件事，是制定第二天的生产投入计划。 他根据生产管理部门提交的一星期的生产指示，结合加工品库存及作业员的出勤情况，对当天的生产进行细微调整，并确定出第二天的投入量。

确定出第二天的投入量后，就要开始制定生产投入计划。 这项计划是对生产线下达有关生产内容、生产时间、生产数量的指示。

接下来，G 先生要对实绩进行采集统计工作。 除了统计已生产产品的种类和数量外，还要采集作业员姓名、工艺线名称、机械番号及原材料使用状况等资料。 近年来随着 IT 的日益发展，通过

活用条形码等手段，已经可以迅速及时地掌握上述各项信息。

在掌握实绩后，G 先生开始核
对实绩与计划的差异。将产品的
完成实绩与预定交期进行比较，分
析能否保证产品的交期。如果觉

得可能会延迟，就要大幅度调整作业的顺序及优先度，进行
相应的更改，提高运转率，为遵守交期争取必要的时间。

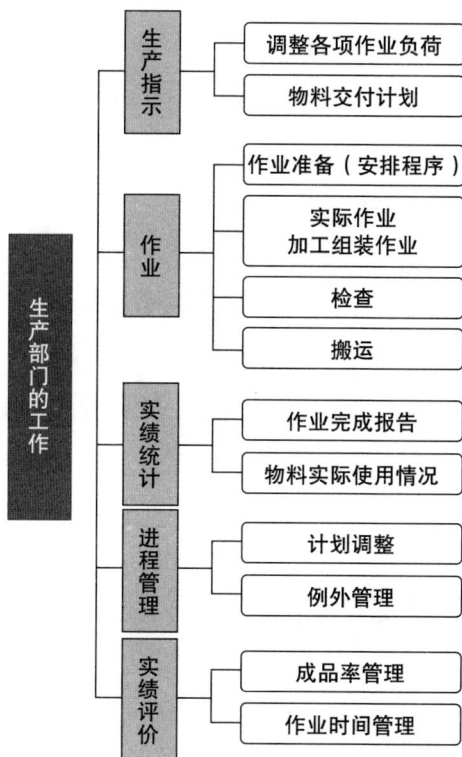

图 5-7 生产部门的工作范围

结束午休后，从下午开始 G 先生对工作实绩进行评估。评估工作实绩有两项必要的指标。一项是"完成比率"，即实际完成量与预定完成量的比值。另一项指标是实际作业所花费的作业时间。

根据以上两项指标掌握不同产品的生产能力，并总结成报告。

写完报告后，G 先生要为第二天的工作写一份"作业指示书"。指示书要说明作业的内容以及作业的时间，以保证完成生产管理部门所交给的生产业务。具体说就是决定第二天各小组成员分别进行哪些作业。这项工作又叫做"调度（Dispatching）"。

在完成调度工作后，G 先生稍微放松下来，又重新开始检查生产的进展状况。这时他发现组员 Z 的工作拖延了。于是他帮了 Z 一个小时左右，总算把进度赶上了。

在 1 天工作的最后，G 先生检查了小组作业员写的作业日志，并在本子上为从傍晚开工的第 2 班的组长写好交接事项，然后开始下班回家的准备。

5-7 品质管理部门的工作

品质管理负责人 H 先生的 1 天

H 先生在某汽车生产厂的品质管理部门任职。品质管理工作就是确保产品和服务的质量令顾客满意。

H 先生是负责成品车检验工序的工程师，他感到在这个环节对质量进行彻底检查，就等于保护他人的生命。

检验成品车的工序有多个步骤。 例如：车舱检查——座椅、方向盘、收音机、车身玻璃等是否能正常操作；前照灯检查；路试检查——确认发动机性能及刹车闸、车速表是否正常工作；淋雨试验——让车进入通道式淋雨实验室，检查车内是否会进水，等等。

工程师的工作为白班夜班交替制。 这个星期 H 先生值白班，他早上 8 点来到公司，对昨天实施的成品车检查结果进行统计和分析。 根据不同的车种和不同的检测程序统计检测数据，检查是否存在需要加以注意的车种或工序。

在昨天的检测中，某种车在淋雨试验时出现了异常情况。 于是为了检查检测方法和检测装置，H 先生急忙赶去了测试现场。 结果并没有发现什么问题。 如果说问题不在于检测程序，那么问题应该出在组装过程中，所以他联系了相关部门。 H 先生报告了淋雨试验的详细结果，并让他们调查问题是否出在组装程

序中。

11点开始，H先生对新来的检测员进行教育培训。在让新人们充分理解了成品车检验的目的与重要性后，又对实际的检验方法进行了说明。

下午H先生出席了ISO9001的内部监查的相关会议。H先生所在的公司于两年前取得了ISO9001认证，在此之后公司会对是否按照检测标准及作业标准进行了检查，以及是否做好了准确的检测记录并保存在指定场所等事项进行定期的监查。

会议结束后，接下来的工作是写新车的检测标准书以及检测作业标准书。H先生的公司打算发售一款新型休闲车，所以必须针对这款新车制定"检测标准"，即应该进行什么内容的检测，达到什么状态才算检测合格等。

在H先生设定检测标准时，时间不知不觉已经接近了下班时间。所幸今天检测装置没有出现异常，而且也完成了计划的检查数量。

"明天一定要把新车的检测标准写出来！"

H先生默默地为自己加油打气后，结束了一天的工作。

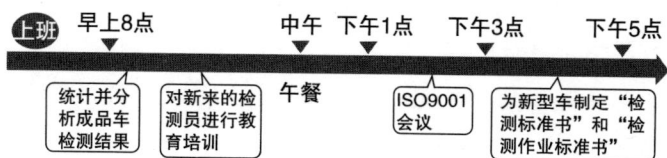

图 5-8　品质管理负责人 H 先生的 1 天

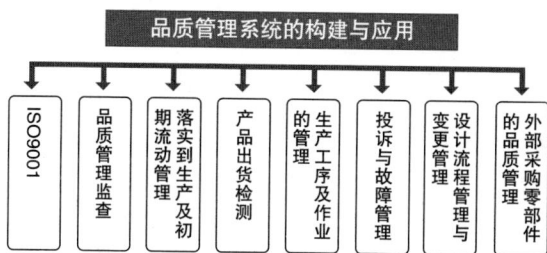

图 5-9　品质管理部门的工作范围

5-8　厂长的工作

厂长 O 先生的一星期

O 先生是某高科技机器生产厂家的厂长，他的一个星期开始于每周一上午举行的部长级以上的干部交流会，一周内大大小小会议不断，要连续参加与公司内各部门间的会议、与营业和开发部门的会议等等。

工厂内各部门意见相左，相互间发生矛盾是常有的事。O 先生总是站在全公司的角度和工厂整体的立场上调整这些利害关系。 他认识到自己的工作就是提高顾客的满意程度，加强 Q（品质）、C（成本）、D（交期）。

O 先生每个星期二要听取来自 Q、C、D 的相关部门负责人的一周汇报和今后的安排。

关于 Q，要关注会影响成本及出货量的"成品率"的实际状况和未来计划，并解决顾客投诉中源于生产环节的问题。

关于 C，O 先生会同时叫来会计部门和生产技术部门的负责人，主要就削减成本的目标完成情况来听取汇报。因为生产技术部门决定如何制造产品，所以 O 先生让生产技术部门对成本管理负责。

关于 D，O 先生要听取生产管理部门的汇报，具体内容包括交期遵守率（对于顾客和营销部门，是否出现了没赶上交期的接货单），订单量，关于今后的产量计划以及相关措施，会对现金流量产生重要影响的库存现状及日后安排，等等。

星期三，营销部门的科长 A 先生带来了即将成为新客户的某公司的技术负责人。 需要通过这次参观工厂，让未来的客户理解自己公司的产品是在严格的管理下进行生产的。 对于身为一厂之长的 O 先生来说，这也是能够直接了解顾客需求的良机。

当天傍晚，在食堂举行了每 3
个月 1 次的工厂全体会议。 在会
上，厂长和相关部门领导就工厂所
处的状况及日后计划，QCD 的状
况等进行了说明。 O 先生认为，虽然时间不长，但是能直接
跟员工们面对面交流是非常宝贵的机会。

星期四，副厂长 S 先生汇报了
去中国出差的情况。 S 先生将成
为半年后要在中国开设的新工厂的
厂长。 1 年前，当决定要建设新
工厂时，O 先生看好了当时任生产技术部长的 S 先生，想让他
担任未来新工厂的厂长，所以马上把他提拔为副厂长，培养
他作为一名厂长的能力。

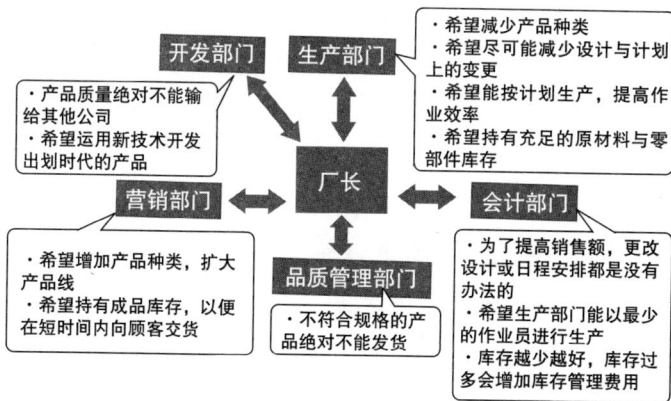

图 5-10　厂长身边各部门最关心的问题

每周四举行的午餐会都是 O 先生非常期待的。这个午餐会由 10 余名年轻科长组成。在这个会上，O 先生能够直接了解到年轻的科长们在思考什么和想要什么，同时他也会提出自己对他们的期望。

本周星期五是主力新产品的出货日，公司上下已经为此忙碌了半年时间。为此公司举行了庆祝活动，所有相关部门的关键人员都出席了。这个产品一直到前一段时间都存在品质稳定性方面的问题，这一直让 O 先生挂心。但所幸能在交期发出第一批货，让他多少放心了。第二天周六，他总算可以拿起一个月没碰的高尔夫球杆，去球场上打个痛快了。

专栏 5 检查标准的"软"与"硬"

生产率高的工厂，时刻都在努力改善每天的作业流程并维持效率。这不仅需要公司内部各项工序进行改善，对相关的零部件供应商的要求也要相当严格。

特别是在进行大批量生产时，零部件的质量不仅影响产品的成品率，还会影响到生产线的流畅运转，甚至有可能大幅度降低整个生产线的生产率。有些时候，这些工厂为了避免在量产线中出现次品，希望通过事先检查只提供合格品，会不惜多花些时间进行全数检验来取代抽样检验。

下面为读者介绍某个工厂的案例。该工厂的某种零部件里掺杂了一部分次品，由于弄不清楚发生的原因，所以他们决定进行全数检验。最终，含这种零部件的产品的成品率保证了预期的品质。

含有这种零部件的产品在位于泰国和匈牙利的工厂生产，该零部件是从同一个供应商那里进的货。虽然两家工厂的产品成品率都得到了相同的提高，但不可思议的是，匈牙利的工厂在检查零部件时检查出次品的比率要远远高于泰国的工厂。

尽管经过了多方调查，可捆包方法及配送手段并没有显著的差异。甚至连检查标准和方法也相同。

就在谜题看似进入了无人能解的死胡同时，一个到匈牙利支援技术的爱好摄影的工程师在检查零部件的操作台旁嘀咕到："不愧是欧洲的工厂，连检查用的显微镜镜头都是卡尔蔡司的！"

这本是工程师随口说说的话，但日方的品质管理负责人在听到后竟恍然大悟："虽然我们在检查标准上指定了显微镜的倍率和伤口形状，却没对显微镜镜头做任何要求。或许问题就出在这……"

于是他让人把泰国工厂使用的显微镜和该工厂的合格品与次品寄过来进行比较分析，最终明白了匈牙利工厂之所以检查零部件的次品率高，是因为镜头的精确度太高。最后，公司决定调查整个工艺流程中使用的各种设备和工具，统一成相同的规格。

这个案例给了我们两点经验和教训。

第1点是关于品质标准，虽然标准不能定得太松，但也不能定得过于严格。最重要的是保证最终产品的质量让顾客满意。

第2点是关于检查标准，不仅其管理方法和标准值等软件方面需要标准化，对于使用的人员、装置和器具等硬件方面也要推行标准化。

（执笔者：新堀克美）

第 6 章
开发设计机制

6-1　新产品诞生的过程

所谓产品，就是掌握市场需求并将其实现为具体的物品。

让我们以电脑为例，看看什么是市场需求。

首先从商务需求来看，用电脑可以编写文档，展示汇报的材料，或者用于公司内外的联络及报告。

此外，从娱乐角度来看，电脑可以通过网络欣赏音乐与视频，或者可以网上聊天、录制并观赏电视节目等等。

观察上述需求可以发现，如果使用的人（顾客）不同，使用方式（用途）也就各式各样。 虽然要想生产一台能够满足所有顾客和所有用途的电脑也是可以做到的，但成本会相应提高，并且有些顾客不需要太多的功能，因为用起来会很不方便。

出于上述理由，在进行商品的开发与设计时，需要事先分析研究以什么顾客为对象，再决定开发什么用途的电脑。这叫做"商品策划"。

开发设计的步骤

开发设计的工作就是反映商品策划的结果，并实现为可以生产的、具体的产品。 这些工作如图 6-1 所示，按不同的阶段可以分为"产品策划→产品开发→设计→试制"。

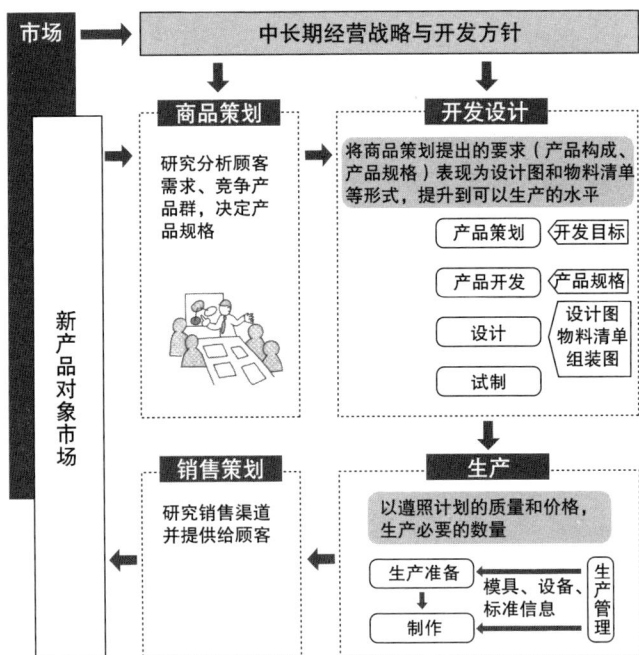

图 6-1 新产品开发的机制

在产品策划阶段，以商品策划提出的要求为基础，设定产品的功能、成本、日程等开发目标。

其次在产品开发阶段，根据目标成本、期望功能等项目具体制定出产品的规格（性能与质量等）。以电脑为例，要设定 CPU 及内存、显示屏等组成部分的规格。

接下来在设计阶段，为能根据产品规格进行生产，要决定方式、结构、形状、材料等内容，并制作设计图、物料清单、组装图等。

此外，由于在这个阶段还会决定质量、成本、交期等内容，所以各相关部门会根据进展情况，集中在一起反复举行审议会（设计评估）。

在最后的阶段制作试制品，与最初的产品规格等项目的目标值进行比较评估。如果存在功能或生产上的问题，就需要更改设计并加以修正，解决问题后进入接下来的生产阶段。

开发设计与技术能力

用一句话概括开发设计工作，就是把目标市场的顾客需求转化为具体的产品。为此，能够具体实现顾客需求的技术能力是必不可少的。

以笔记本电脑为例，不但小型轻量化技术、高速处理技术、显示技术等关键技术不可或缺，同时如果缺乏能够降低成本的生产技术、采购技术等，也造不出具有竞争力的电脑。

6-2　开发设计的重要性

为了及时迅速地推出有竞争力的产品，开发与设计能力至关重要。

企业要想在竞争中生存下去，就必须持续创造出利润。为了创造利润，必须在保证产品卖得出去的同时，使产品成本低于卖价。

卖得出去的产品，也就是在质量、价格（成本）、交期、服务等方面，与竞争对手公司同等或占有优势，并且符合顾客需求，属于顾客满意程度较高的产品。

总之，获得利润的大前提就是产品卖得出去，所以制造出好产品是最重要的。如果仅单纯考虑制造好产品的话，问题并没有想象中那么麻烦。

比如，顾客的要求是绝对不许出现断货，那么只要制定计划并提前生产就能满足顾客。再比如，顾客最看重的是质量，那么只要使用优于原定规格的材料和零部件进行生产就能解决。

然而实际的问题在于必须保证获得利润。使用的原材料和零部件如果质量好，那么当然成本也就高；如果为了防止断货而囤积产品，就会导致产品库存增大、现金流量恶化。

而且如果销路不好，就会导致库存积压，利润也就无从谈起。

开发与设计的重要性

如何在生产令顾客满意的产品的同时保证获得利润，这才是难题。请认真看本小节的图 6-2。企业为了在竞争中存活下来，必须生产有竞争力的产品，并在顾客需要的时候及时拿出来。

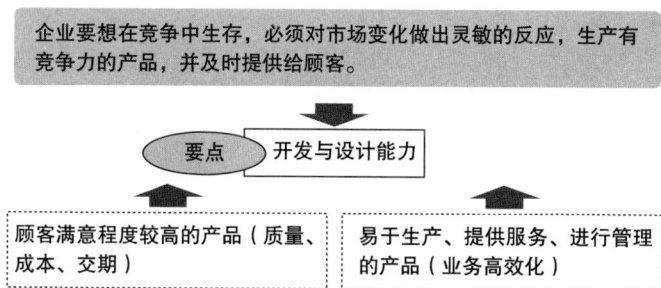

图 6-2　开发设计的重要性

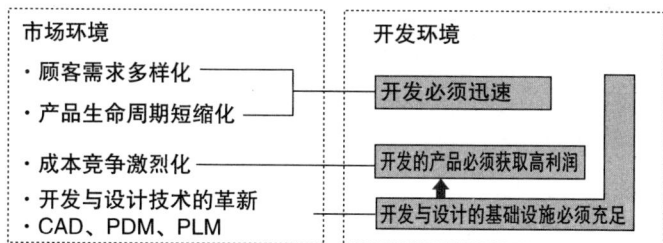

图 6-3　加强开发设计能力的必要性

为了实现这一目标，必须重视生产、服务与管理的效率，并充分考虑成本问题，在此基础上，完成令顾客满意的产品（参照图6-2）。不必说，其核心就是开发与设计部门，

099

想必读者们也能够理解开发设计的重要性吧。

开发设计环境的变化

例如，观察电视机这一商品最近的市场环境可以发现，过去那个只要是电视就能卖得出去的时代早已不在。液晶电视、大屏幕等离子电视、浴室用电视等等，今天的电视机种类丰富，品种齐全。

不仅如此，随着技术革新的速度不断加快，产品的生命周期也在不断缩短。

例如，去年购买的电脑，今年在任何一家商店都再也见不到的现象已经司空见惯。而且随着全球化的发展，成本竞争也愈演愈烈。

在上述市场环境的变化下，开发与设计的环境也相应地发生了巨大的变化。

具体来说，由于需求的多样化与产品生命周期的短缩，产生了在短期间内开发设计大量新产品的必要性。

为了应对开发设计环境的新变化，利用 CAD、PDM、PLM 等信息体系也就成了必要的条件。

6-3　开发设计的课题与应对

企业要想提高利润，必须与以生产部门为代表的各相关部门进行合作。

在上一小节中我们看到，企业要想持续获得利润，必须适应市场环境的变化，并找准时机向市场投放新产品。

虽然看上去很简单，但是必须在做好质量、成本、交期等各个方面的同时瞄准时机投放新产品，所以在实际操作中各个企业都伤透了脑筋。

要想解决这一问题，就必须着重做好以下两点。

与生产部门及其他各相关部门协作

第 1 点要与生产部门及其他相关部门进行协作。

本小节的图 6-4 表示了故障（问题）、损失成本的发生与生产流程间的关系。 大多数故障和损失成本决定于初始的开发设计阶段，而实际了解掌握这些问题发生状况的是位于后期阶段的制造及采购等生产部门。

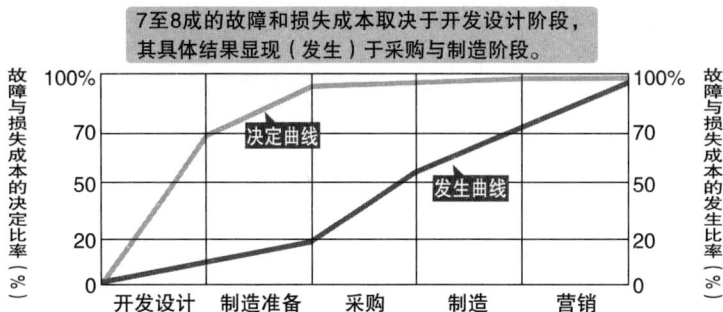

图 6-4 故障（问题）、损失成本的决定阶段与产生阶段不一致

因此，应该在开发设计阶段与生产部门及服务部门等进

行协作，就如何简化加工和组装调整的方式，或者采购品的质量、成本，以及生产信息等方面征求他们的建议，并反映到设计图纸中，进行充分深入的分析与研究。 由此可以大幅度降低故障与损失成本的发生。

同时并行作业

第 2 点要通过同时并行作业缩短产品开发的时间。

一直以来，开发新产品都是按照"开发→设计→试制"的步骤进行的。 前一项作业没完成，后一项作业就开始不了（接力方式，参照图 6-5 的上半部分）。 然而随着现今市场需求的多样化与产品生命周期的短缩化，这种方式不再适合。 因为这会导致产品开发时间延长，错过投放市场的良机。

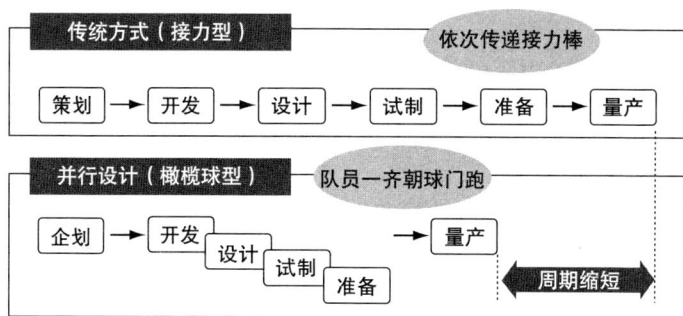

图 6-5 以同时并行作业的方式来缩短开发周期

针对当今的市场特点，同时并行进行开发、设计、生产等各项作业的方式应运而生（橄榄球方式，参照图 6-5 的下半部分）。

如果能实现以上方法，我们就可以大幅度地缩短产品的开发周期。

通过 CE 实现生产的垂直启动

实现以上所述的两点，即实现与生产部门及其他相关部门的协作、并行作业，一般被称为"并行设计"（CE，Concurrent Engineering）。通过并行设计，不但可以在开发设计的初期阶段解决质量、成本与交期上的问题，还能缩短开发与设计的周期。

并行设计不仅可以在公司内部实行，有时还可以让主要的零部件供应商参与进来。

而且 IT 提供了并行设计的环境，比如 CE 的参与者们可以共同拥有产品的规格与三维模型。

而且，如果通过并行设计尽快确立了量产体制（生产的垂直式启动），并在合适的时机向市场投放新产品，势必可以在其他竞争对手跟风效仿前获取更多的利润。

6-4　产品管理之 PLM

现今，产品的寿命缩短，产品生命周期的管理变得非常重要。

今天的产品，以电脑和手机等为典型代表，不但种类和款式不断增加，而且产品的生命周期也越来越短。面对市场环境出现的这些变化，企业要想在竞争中生存下去，必须生产出符合顾客需求的产品，并在较短周期内不断投放市场。因为只要能够以超过其他所有竞争对手的速度向市场投放满足顾客需求的新产品，就能获取与之相应的利润。

然而观察作为中心环节的开发设计的现状，可以看到随着投入市场的新产品的种类增多与生命周期的缩短，开发设计的负荷也相应增大，因为无法对某件单一产品花费太多时间，所以由于设计而导致的问题和损失成本也越来越多。

这导致了实现量产的速度变慢，产品成本也有所增加，结果越来越难获得利润。针对以上问题，及早建立起能够将获取较高利润的产品高效率地投放市场的机制，对企业而言是非常重大的课题。

开发设计所必需的机制

特别是在开发与设计方面，做到以下两点非常重要。

第一，开发设计过程应以合作为基础，能够发挥组织统括能力；第二，能够在开发设计阶段了解掌握新产品的收益率（可以对新产品排列优先次序）。

特别是在当今，在产品的生命周期不断缩短、新产品层出不穷的市场环境下，第2点，即开发设计时关注新产品的收益率显得尤为重要。

要想做好这一点，必须建立一个有效的机制，能在整个产品的生命周期中掌握产品成本的实际状况，并持续地把结果反馈给开发与设计环节。通过以上做法，可以极为精确地把握产品的收益率。

除此之外，通过与开发设计阶段中设定的预测成本进行比较，还可以避免大幅超出预算的风险。

PLM 的必要性与基本结构

如上所述，在产品整个生产业务流程（整个产品生命周期，即以产品策划阶段为起点的"开发设计→生产→销售→维修→中止生产"）中实现对收益率的管理，才是企业在竞争中存活的必要条件。

上述理念被称为 PLM（Product Lifecycle Management，产品生命周期管理），以先进企业为代表，在越来越多的企业中被广泛开展实施。不必说，这一理念的核心是开发设计。

如图 6-6 所示，PLM 作为一个体系，以 PDM 为核心，以 SCM 和 ERP 等为二级体系，实现与产品相关的所有信息的共享。

进而，通过统一与集约这些系统，可以实现从研究开发到生产结束的整个产品生命周期的收益率管理。

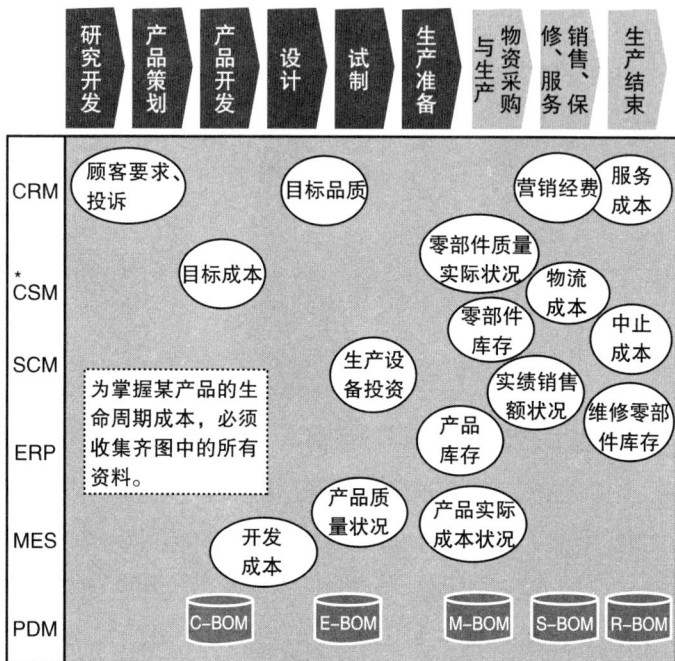

研究开发 / 产品策划 / 产品开发 / 设计 / 试制 / 生产准备 / 物资采购与生产 / 销售、修保、服务 / 生产结束

CRM — 顾客要求、投诉　目标品质　营销经费　服务成本

* CSM — 目标成本　零部件质量实际状况　物流成本　中止成本　零部件库存

SCM — 为掌握某产品的生命周期成本，必须收集齐图中的所有资料。　生产设备投资　实绩销售额状况　产品库存　维修零部件库存

ERP

MES — 开发成本　产品质量状况　产品实际成本状况

PDM — C-BOM　E-BOM　M-BOM　S-BOM　R-BOM

※CSM（Component Supplier Management）帮助选择零部件供应商及其产品的系统

图 6-6　为实现 PLM 而需共享的信息

专栏6　观百元店所感

当我们推行成本改善时，"百元店"是一个非常值得借鉴学习的模型。这种商店里从日常用品到儿童玩具，商品种类一应俱全，而且所有产品均只售 100 日元，甚至听说有人以逛百元店为乐。据说经营百元店的大企业为了保持顾客的新鲜感，每个月都要坚持开发

700 余种新商品。

把商品的售价固定在 100 日元（虽然最近店内也开始销售超过 100 日元的商品）的情况下仍能获取利润，其中的秘密究竟在哪里？

面对百元店作为买方所开出的严酷的条件（以某日元的单价进货多少万个），有很多生产商表示可以做到，甚至还有很多公司上门主动推销自己。这些生产厂家为能保证在百元店开出的买价下仍有利可图，可谓绞尽脑汁，费尽了千辛万苦。几乎所有产品都在外国的工厂生产，用船运输送到日本的工厂或仓库，然后再小批小批地交送给百元店。于是才有了我们在百元店里用 1 个 100 日元硬币加 1 个 5 日元硬币（作为消费税）购买的商品。不过这些产品走出外国工厂时的成本，恐怕只值几个 10 日元硬币吧。

那么，怎么做才能以如此低廉的成本制造产品呢？下面让我们依次来分析一下。

①以百元店的大批量买断为前提的量产效果。

②产品选料低廉，结构设计简单，易于制造（例如采用以塑料为原料，一次成形的方式等）。

③在劳务费便宜的中国或泰国工厂进行生产。

如上所示，在降低成本上所花费的努力和心思非同

107

同一般。然而，只通过这些手段，真的能达到降低成本的目的吗？

这里有两个非常重要的因素绝对不能忽视，第一是要有决心压低成本的一种近似于"走火入魔"的精神；第二是要有实现这一精神的"人"。

实际上在工厂里，要想达到降低成本的目的，绝对不可欠缺的就是这种精神和用坚强的意志来实现这一精神的人。

无论在哪家工厂，起码有那么一个人被大家称为"成本疯子"，其他人在畏惧他的同时也油然而生敬佩之情。这个人，对于产品结构自不必说，从产品的制造方法到原材料的价格，各个材料供应商的信息等等全部烂熟于心，算得出各种应有的妥当成本。而且在成本降到这一目标之前，别管你是设计部门，制造部门还是零部件供应商，只要他缠上了你，就算加班熬夜，就算外面刮大风下大雨，他也不会离开你半步。到了最后，周围的所有人都扛不住了，只能听从他的要求。而就笔者的实际体会而言，有这种人在的工厂都是强而有力的。

（执笔者：筱原忠晴）

第 7 章
生产管理机制

7-1　生产管理的具体内容

生产管理的目的是对质量、成本、交期进行均衡的管理。

什么是 Q·C·D

Q·C·D 是生产管理工作中的关键词之一。

Q（Quality）表示品质。看到这个词，或许人们首先会想到产品是否耐用（结实程度），而"好使"、"对人无害"、"功能卓越"等因素也是品质的一部分。

C（Cost）指成本，在工厂里，材料费、劳务费及设备投资等是成本的主要组成部分。

D（Delivery）指交期或发送，在实际管理中不仅包括日期，同时还必须考虑交货的数量。因此，也有人把 D 称为"数量与交期管理"。

以上无论哪一条都是进行生产时理应做到的，要想确保实现上述三点，最理想的是每一项都达到目标值，然而实际管理中却存在着极其难以解决的问题。

难以解决的问题来自于 Q·C·D 三者相互干涉，要想做好这一点，可能就要牺牲另一点。

例如，为了避免产生残次品，最好的办法是反复进行认真细致的检测，但是这么做会拖延时间而耽误了交期，或者白白耗费劳务费却得不出什么结果。然而话又说回来，在质量上偷工减料又是万万不能允许的。

所以，生产管理的作用就是对 Q·C·D 三者进行均衡的管理。

Q·C·D 的相关问题与课题

如果生产管理不发挥应有的作用，就会出现以下各种问题。

A. 交期延迟的情况会频繁发生。

B. 面对客户的咨询，回答不出具体的交期。

C. 应付不了紧急订单。

D. 产品或物料库存过多。

E. 加工品周期过长。

F. 计划频繁变动，不知从何下手。

G. 频繁发生断货（原材料与零部件不足）的情况。

H. 现场出现空闲人手的同时，却不断需要加班加点。

I. 什么事情都要督促才有进展。

J. 不清楚持有库存的环节和数量。

K. 账面与现货对不上。

L. 物料的废弃与积压过多。

M. 成本降不下来。

N. 质量不稳定。

针对以上问题，下面试列举出产生问题的代表性原因和应该解决的课题。

预测值中的可变动部分与实际需求中的可变动部分混在一起

A. 如何进行预测。

B. 如何安排设备与物料。

C. 如何减少误读。

需要多个相关人员的联合作业

A. 向相关部门传达信息的方式。

B. 彻底进行变更调整。

无法预料的变化过多

A. 生产设备故障与作业人员缺勤。

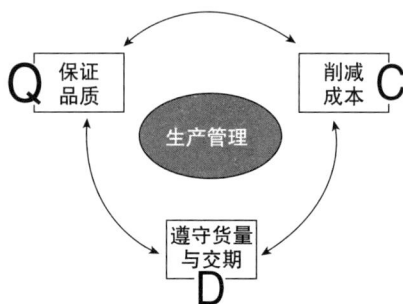

图 7-1　为实现持续高效生产需要做好三点

表 7-1　生产管理的职能体系

1 生产计划及其他计划

针对产品生产的产量和生产时期的计划。其他计划包括机械与设备计划，所需人员计划等等。

2 标准信息管理（基本信息管理）

将品种信息、产品结构信息、制造流程的相关信息、机械与设备的相关信息等作为生产管理标准的信息进行管理。

3 MRP（物料需求计划）

为生产所定数量的产品，根据生产计划信息、产品结构信息、库存信息，对物料的需求量和采购时期进行计划。

4 采购管理（物资筹备管理）

在进行生产活动时，为实现在需要的时间内，仅以需要的数量从外部筹集妥善品质的物资而进行相应的管理。

5 库存管理

为了把必要的物资、在必要的时刻、以必要的数量、提供给必要的场所、需要将库存维持在理想水平。为实现这一点而进行的管理。

6 流程管理

为掌握生产流程的进度状况，调整每天的各项生产活动，使其平稳顺畅而实行的管理活动。

B. 零部件存在残次品。

C. 设计的变更。

D. 需求突然发生变化。

难以掌握现实状况

A. 没有正确掌握库存状况。

B. 没有时刻掌握生产进度。

7-2 销售、生产与库存的计划

工厂的生产设备和能力有限，要想赶上市场的速度，必须持有库存。

销售与生产之间的"缓冲材料"

顾客的需求从来都是随意的，不可能轻易预测出来。 甚至在确定了顾客的订货后，顾客也会经常发生更改。 所以灵活处理顾客的需求变化，提高顾客的满意程度也能体现一个工厂的实力。 要做到这一点，并不是靠着"工厂上下一鼓作气，拼上全力"，就能完成的。

在此我们采用的办法是在销售部门和生产部门之间放置缓冲材料，即"产品库存"。 这么做对各种变化可以做出灵活的反应。 如果预先备有产品库存，那么当顾客提出紧急变更要求时，就可以立刻做出回应。 除此之外，当顾客对交期和数量进行咨询时，也能够以确实的数值予以答复，这也是

113

持有库存的一大好处。

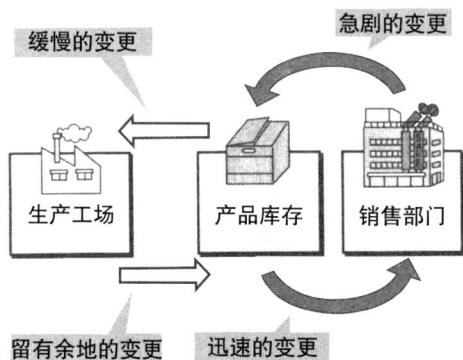

图7-2　销售与生产之间的缓冲材料

　　不仅如此，对于承担生产任务的工厂而言，持有库存可以减轻急剧变化带来的影响，因此能够保证作业的平稳有序。 销售部门与生产部门通过合作来制定妥善的库存的这项业务被称为"产销存计划"（请参考第4章第2小节），是制造业中一项极为重要的管理手法。

库存计划的拟定手法

　　下面我们就来看一下，具体应该按什么顺序制定库存计划。

　　首先，销售部门需要根据市场中各产品的受欢迎度、实际销量、上期的销售计划及销售目标额，按不同产品与不同期间来制定销售计划。

　　其次，在衡量现在的库存和工厂的能力后，计划各期的库存量。要注意的是，这一阶段的计划只是销售方的希望，还没得到生产部门的认可。

针对销售部门的计划，生产部门根据过去的计划、实际生产状况及生产设备的扩充计划，按不同产品与不同期间计算出生产能力。本小节的表 7-2 是制定库存计划的一个例子，表示了在不更改销售计划和库存计划的情况下，进行向前顺排的生产方式的计划。

表 7-2　制定库存计划的范例

第1期生产数量为：销售计划数30个 + 库存10个=40个
第2期的销售计划为30个，其中10个使用第1期的库存。
所以第2期生产数为：剩余的销售计划20个 + 库存15个=35个
用同样方法对第3期、第4期进行计算（如下表所示）。

期间	第1期	第2期	第3期	第4期
销售计划	30	30	35	35
库存计划	10	15	25	20
生产能力	40	40	40	40
生产计划	40	35	㊺	30

经计算，第3期计划生产45个，超过了生产能力5个。故计划把这5个放到第2期提前生产，如下表所示。

期间	第1期	第2期	第3期	第4期
销售计划	30	30	35	35
库存计划	10	20	25	20
生产能力	40	40	40	40
生产计划	40	40	40	30

除了这种方法，还可以考虑"改变销售计划"、"改变库存计划"、"增加生产能力"等等。 因为库存的作用就是"以备不时之需"，所以这里的销售计划也仅是预测值，不能把计划制定得太靠近能力值上限。

无论是哪个部门做计划，都应该留出余地。 重要的是，制定的计划应该让大家都能理解并认可。 下面，我们来总结一下制定计划的几个要点。

计划周期

从一般的按季度或每月制定到每半月制定一次，甚至最近还有专家提倡每周计划一次。 但是如果输入数据的精确度不高，周期定得再细也没用。

计划的交集

销售部门把价格相近的产品归为一组，生产部门则按主要零部件相同或瓶颈工序相同的标准将产品归类整理，需要找出两者皆有的产品群作为计划的单位。

责任与任务等

销售部门按计划进行销售，生产部门按计划进行生产，首先做好这点就足够了。

7-3　工厂的作业计划与能力计划

要执行生产计划，必须进行相当程度上的细分。

产销存计划制定出来的是以一个月或一周为单位的计

划，而要落实为实际的作业计划，必须详细分解为以一天为单位，甚至以一班（组）为单位的计划。

计划的对象产品也要进行细分，比如由产品列表详细分为实际制造的产品的"产品名称"，以及"产品番号"。

计划的制定，要根据不同的计划层次，同时进行不同产品的需求量计划和作业量计划。这样做可以保证所需物料的安排计划与制造能力相吻合（参照图7-3）。

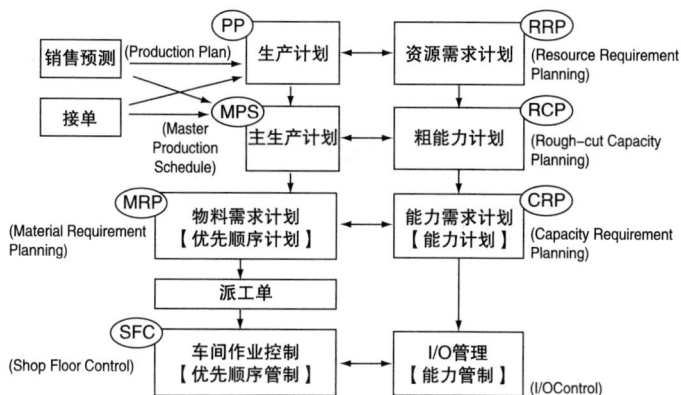

图 7-3 作业计划与能力计划的关系

什么是主生产计划

产品这一层次的详细计划叫做主生产计划（MPS，Master Production Schedule）。为制定主生产计划，需要对生产时期与生产品种进行细分。

要把按月的计划分解成日程计划，需要先计算出每个月的作业天数。注意不要在产品系列的层次上单纯用生产件数除以天数，而应该考虑每天的作业量并注意作业的均衡化，制定切实可行的计划。

接下来让我们用一个简单的例子来展示将产品系列按详细的产品番号进行展开的方法（参照表 7-3）。假设产品系列 A 是 A1、A2、A3 这 3 种型号的总称。制定出"计划表X"，用每个月的百分比的形式，把不同月的生产数量分别细分为 3 种型号的生产数量。

表 7-3　产品系列的计划表范例

计划表X

A产品	1月	2月	3月	4月
A1	50%	45%	50%	40%
A2	20%	25%	25%	30%
A3	30%	30%	25%	30%

计划表Y（以汽车生产为例）

B产品		
基本构成	车身 发动机	100% 100%
选择构成	5档手动变速器 5档自动变速器 4档自动变速器	25% 45% 35%
添加构成	汽车导航仪 汽车音响	30% 20%

或者可以制定"计划表 Y"，它比"计划表 X"要稍微复杂一些。这张表中，"基本构成"表示 A 产品的所有型号共通的组成部分，"选择构成"表示所列 3 项中必选 1 项，"添加构成"表示有的型号包含，有的型号不包含。

属于基本构成的零部件每个产品配备 1 个，有 100 件产品就生产 100 个。添加构成也很简单，计划表中表示每生产 100 辆汽车，其中就有 30 辆需要安装汽车导航仪。

计划表中的选择构成表示每 100 辆汽车，制定计划时需要

118

生产 105 个相应的零部件。 也就是说要先留出供应 5 辆车的余地，与计划总数的差值在接下来的月份进行调整。

什么是能力计划

能力计划是以 MPS 为输入数据，计算出不同的主要设备的总作业量，分配给每天或每一班，与标准的生产能力进行比较。 这叫做"堆积负荷"。

此外，把超过生产能力的作业量向前顺排，叫做"整平负荷"。 整平负荷的方法可以参照本小节图 7-4 所示的方法。

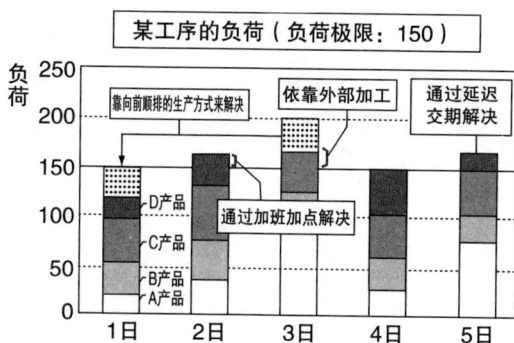

图 7-4 按能力计划安排不同产品的作业量

7-4 什么是生产管理的基本信息

基本信息包括关于产品定义的信息和关于制作方法的信息。

什么是基本信息

制造东西时，必须搞清楚"什么时间"、"做什么"、"做多少个"和"怎么做"。有关以上几方面的信息，大体可以分为两种："变动信息"与"常规信息"。

"生产时间"与"生产数量"是根据每天的订单和销售预测等因素会发生变动的信息。相反，"产品构成"与"制造方式"等信息属于产品的固有信息，不会频繁变动，可以看作是常规信息。在生产管理中，这些常规信息叫做基本信息。

基本信息可分为两种。

第一种信息是表明该项产品是什么东西的产品定义信息，说明了产品包含的零部件，及由什么原材料制成。

第二种信息是关于如何生产（制造方法）的制造流程信息，包含生产的工艺流程以及使用的工具和装置。下面将以圆珠笔为例来做进一步说明。

拧松圆珠笔，笔管可分为两个部分，笔管里是笔芯和弹簧。由此我们可以知道圆珠笔由笔管的上下两部分、笔芯和弹簧4个零件构成（参照图7-5）。

产品定义信息和制造工序信息

如本小节的图7-6所示，以上信息分层次表示出来，一般称为"物料清单"或"BOM"（Bill of Material），说得正式一点，又叫做"产品结构信息"。

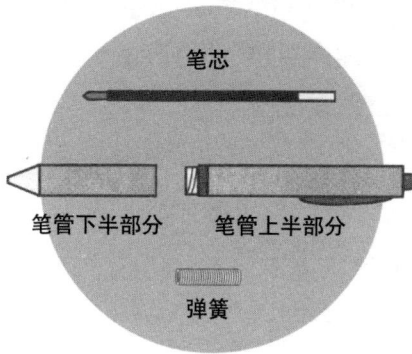

图 7-5　组成圆珠笔的 4 个零件

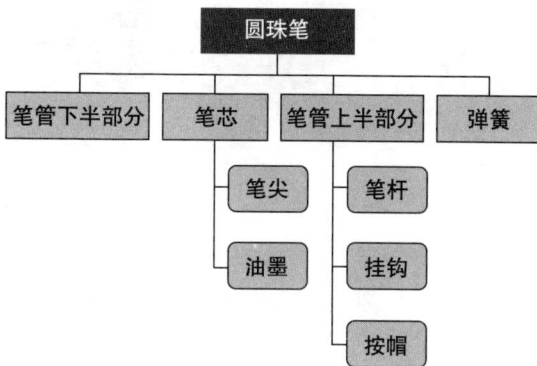

图 7-6　生产圆珠笔的物料清单

　　关于各个零部件的更详细的信息，又可以整理为"品种信息"。例如，不管圆珠笔配什么颜色的笔管或笔芯，弹簧只需要一种，所以有关弹簧长短、粗细和强弱程度的详细数据不记入结构信息，而记入品种信息。

　　下面让我们来组装一下圆珠笔。

把圆珠笔芯穿进弹簧（工序 1），插进笔管的下半部分（工序 2）。确认弹簧可以伸缩自如后，拧上笔管的上半部分，完成组装（工序 3）。

描述以上工序的内容称为"流程信息"。如本小节图7-7 所示，流程信息记载了开始作业后逐次应该做什么。圆珠笔的例子里没有用到工具，但当需要使用螺丝刀、钳子或者更大型的装置时，还会标明每一道工序中使用的工具。

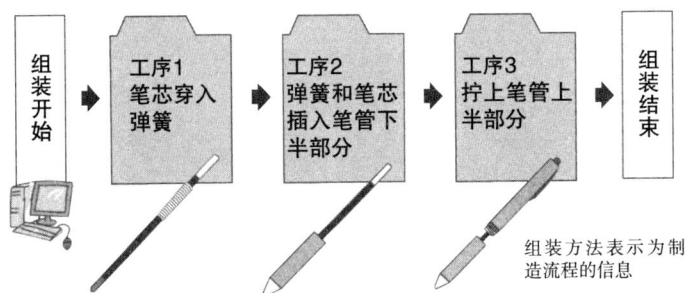

图 7-7　制造流程信息

此外，有关各个工具与装置的详细信息，记录在"设备装置信息"里。

越是规模大的工厂，基本信息就越不能只装在技术熟练的操作员的脑子里，否则很难有效率地开展工作。

为了应用电脑准确迅速地安排所需的零部件并下达作业指示，完善标准信息并建立数据库已成为了重要的前提。

122

7-5 什么是 MRP

MRP 是以物料、零部件为核心制定计划的手法，需要由人来进行最终判断。

MRP 机制

MRP（Material Requirement Planning，物料需求计划）是指以产品的主生产计划为基础，计算零部件或物料的分配信息的系统或概念。

该方式是以整个工厂为对象，计算各种零部件分别需要多少，同时零部件具体用在哪里并不固定的一种统一的库存管理方式。

20 世纪 60 年代美国 IBM 公司开发出了生产信息控制系统（PICS，Production Information and Control System）。作为其子系统的 MRP 模块以上述概念为基础，一经倡导后迅速作为管理物料的主要手法发展起来，并成为了主流。

MRP 的运用方法

为了正确运用该系统，需要具备几个前提：要有产品层次的生产计划（MPS）；定义产品的信息以物料清单（BOM）的形式表示为多层次的数据；进而准确地掌握零部件的库存量（库存管理）等。

以上各项信息在进行生产管理时都是不可或缺的，然而实际上能凑齐以上各项信息并灵活运用 MRP 的工厂还为数不多。 理由多种多样，比如"掌握不了准确的库存"，"虽然有物料清单，但还没有形成可以应用在 MRP 中的形式"，"需求预测不准确，制定不出准确的生产计划"等等。

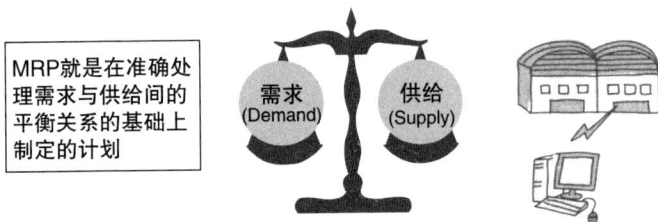

图 7-8　MRP 的基本概念

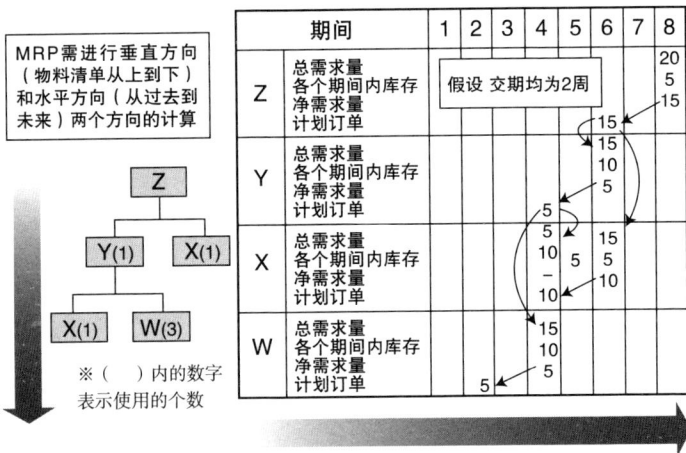

图 7-9　MRP 的计算原理

不但库存必须掌握准确，还需要具备物料清单。 不过，

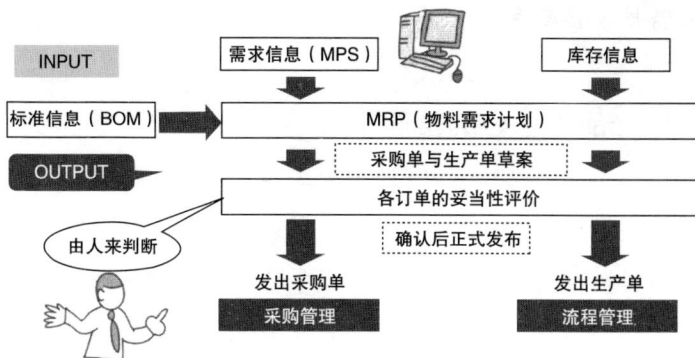

MRP的结果应用于采购管理与流程管理。

图 7-10 MRP 的作用

生产计划归根结底不过是一个预测，MRP 的结果是一个计划数值，所以说得极端一些，预测不准也没关系。

最重要的是，作为管理根本的生产计划要以各部门一致同意的需求预测为基础，必须保证相互间协调一致。 而且还应该准确地考虑到需求与供给之间的平衡。

针对变化做出反应

相对于计划，实际订单的交期和数量等都是变化的。 然而针对 MRP 的结果，掌握并管理好变量（什么东西变化了多少），对变更进行一小步一小步的调整才是关键。

7-6 批号管理与序列号管理

二者是以产品为中心的管理手法。采用什么手法取决于

产品特性及接单条件。

以产品为中心的管理方法

相对于 MRP 以零部件为中心进行管理，批号管理是围绕着产品进行管理的手法。

这种管理方法是从位于物料清单（产品构成表）最下端的项目到产品的整个范围内，用统一的"批号"对发货、库存、组装等进行绑定管理（如果是个别接单，那么一份顾客订单对应一个批号）。

而所谓"序列号管理"，指从生产的第 1 件产品起按顺序编号，最后编的号码与累计生产件数一致。"连续编号管理"也基本与"序列号管理"是一个意思。 无论是序列号或是连续编号，有时不是一件产品一个编号，而是按每个生产批次编一个号。

例如，承担核电站的整套建筑工程、大型客船的建造或者高层建筑的建造等个别的一整套项目时，用批号管理的方法当然是最有效的。

除此之外，再比如政府发出的一些订单，规定以批号的形式，从所有的作业到物料安排，必须绑定在一起进行管理。 这种情况下当然要采用批号管理的方式。

无论是以上哪种情况，都要认真对零部件等的用途做好标记，并使其相互关联。 从这个意义上讲，以上采取的管理方法是相同的（参照图 7-11）。

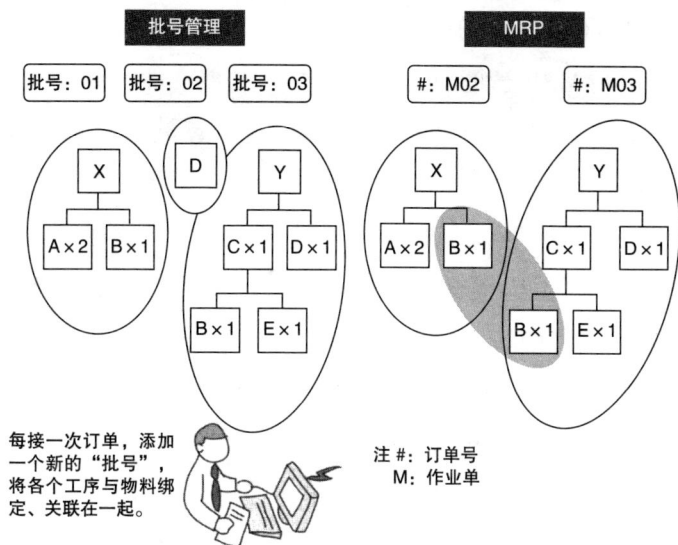

图 7-11 批号管理与 MRP 管理的比较

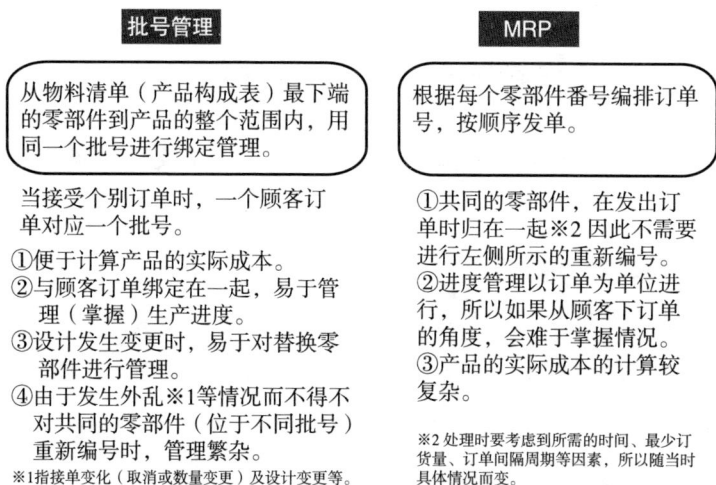

批号管理

从物料清单（产品构成表）最下端的零部件到产品的整个范围内，用同一个批号进行绑定管理。

当接受个别订单时，一个顾客订单对应一个批号。

①便于计算产品的实际成本。
②与顾客订单绑定在一起，易于管理（掌握）生产进度。
③设计发生变更时，易于对替换零部件进行管理。
④由于发生外乱※1等情况而不得不对共同的零部件（位于不同批号）重新编号时，管理繁杂。

※1指接单变化（取消或数量变更）及设计变更等。

MRP

根据每个零部件番号编排订单号，按顺序发单。

①共同的零部件，在发出订单时归在一起※2因此也不需要进行左侧所示的重新编号。
②进度管理以订单为单位进行，所以如果从顾客下订单的角度，会难于掌握情况。
③产品的实际成本的计算较复杂。

※2 处理时要考虑到所需的时间、最少订货量、订单间隔周期等因素，所以随当时具体情况而变。

图 7-12 批号管理与 MRP 管理内容的比较

127

与 MRP 管理的区别

在运用 MRP 管理时，只要有相同的零部件，就归在一起进行管理，而运用批号管理时，即使相互间有共通的零部件，也不能转用。

批号管理需要展开物料清单计算出所需的零部件，这与MRP 是不同的，但往往容易被人弄错。归根结底，二者的本质性差异在于管理的主要着眼点不同，也就是说，是按照每一种零部件进行分别管理，还是对某种产品进行绑定式管理。

批号管理与 MRP 管理并没有优劣之分，而要根据产品的特性及接单条件等进行调整，发挥各个手法的最大优势。而实际上，有的企业同时采用这两种方法，还有的针对同一种产品，一部分采用 MRP，另一部分则采用批号管理的方法。

7-7 通过采购管理合理安排材料

采购管理的目标是高效地进行交易，提高交易成果。

采购活动的观点

采购管理是指在购买生产所所需的物料（零部件、原材料）、组件、产品、耗材、服务等的时候，确立一个能够在"必要的时间（保证交期）"平稳地筹集到"便宜的（价格低）"且"质量好（品质高、技术先进）"的东西的体制，并加以执行。

或许这个说法显得有些小题大做，但如下所示，采购工作具有以下几点重要性，请读者们仔细确认。

对利润的贡献程度大

人们往往认为创造利润主要靠销售和生产，然而从产品成本中各项所占的比例来看，采购业务的贡献也很大。因为采购价格会大大左右利润。

占成本的比例大

通常生产成本的内容，基本上按以下所示的比例构成。

材料费：60%～80%

劳务费：10%～30%

经费：30%～40%

生产活动的第一步

首先，如果物料凑不齐，生产就开不了工。能否顺利筹集到资材，会对生产活动产生巨大的影响。

本小节的表7-4是采购管理的对象一览表。一个企业购买的东西多种多样，除了用于生产的物料外，还包括生产活动所需的设备和日常的业务作业所需之物。看这张表的内容也可以知道采购活动有多么重要。

然而，不管采购活动有多么重要，也决不能对供应商采取高压态度，有意刁难。因此每个企业都有各自的采购理念。

在满足自己公司的要求时保证公平公正，这说明公正的交易才是同呼吸共命运的根本。在2004年4月日本对"拖延支付承包费用等防止法"进行的大幅修正也显示了公平公正原则的重要性。

表 7-4　采购对象一览表

采购品	购买规格品及按生产厂商规定制造的物品 直接用于生产的零部件与材料
外部加工品	自主设计并制作的零部件，其中一部分或全部加工工序委托给外部承包商来加工
次级物料采购品	不直接用于产品，作为次级使用的物品捆包材料、废棉纱、切削油
资产与经费类	房地产、建筑物附属设备、生产设备、电脑、办公器材、汽车、文具、书籍
购买服务	购买外部提供的服务：企业服务、信息系统开发、教育研修、出差住宿、通讯费用、网络费用等

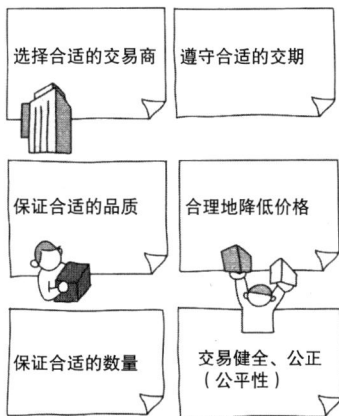

图 7-13　采购管理的 6 条原则 (采购理念)

利用外部加工的目的

采购的业务内容包括从根据需求计划发出采购单，到进货检查并支付这一过程中的一系列作业，以及对供应商的管理及 QCD 评估等等。 作为上述业务之前的环节，选择供应商也是采购管理的一项重要任务。

在选择供应商时，要事先明确公司向外委托加工的目的。 最近甚至能看到有些公司几乎把全部的公司业务都转包给了外部承包商，但是他们的外包化并非毫无目的，而是有明确的目的与方针的。

具体来说，要在明确了"为什么交给别人会便宜，产品的质量是如何保证的"之后才能实行外包。 理由可能有很多，比如"劳务费便宜"，"与其他公司的订单合起来，可以发生量产效果"等等。

除此之外，还应该明确什么是公司应该内部保留的技术，而什么不是。 实际上真有一些公司把几乎所有工作都委托给了有实力的外部承包商，结果等反应过来时才发现对方的业绩已经超过了自己，追悔莫及。 利用与培养外部承包商，并进行适当的管理，是采购活动的重要使命（参照表7-5）。

表 7-5　利用外部加工的目的

成本	成本比在公司内部生产要低
利用技术	对方拥有自己公司没有的设备与技术
技术方针	技术含量低的工作或者单纯作业
投资战略	资本向同行业集中，分散风险
负荷调整	负荷变动的缓冲
劳务管理	便于自己公司的劳务管理
外包	将经营管理资源集中到同行业，其他全部外包

7-8 持有库存的利与弊

虽然没有库存最好，但也不意味着越减少库存越好。

持有库存的风险

首先让我们看一下持有库存的风险，这是最一目了然的。 一般来说，库存堆积得越多，风险就可能越大。 在今天的环境下，技术革新的竞争异常激烈，卖不出去的东西要么就降价甩卖，要么就走向废弃处理的命运。

而且，对大量的库存进行管理也要花钱。 例如仓库空间费，劳务费（仓库管理员、搬运工、点货员、监督者等等），以及计算机经费等。

然而更糟糕的是，库存在会计上的名目属于"资产"，被评价为只要卖得出去就能获取利润的财产，如果不多加注意，只看数字的话，可能难以发现不良征兆。

持有库存的好处

持有库存的好处有以下几点。

①**安全库存** 如果比计划数量多安排一些，就能面对紧急变更做出适当的反应。

②**周转库存与批次库存** 如果集中起来生产，就可以提高设备运转率。

③**库存平均化** 如果向前顺排生产，把负荷抹平，就可

132

以有效地利用有限的设备。

④**工序间的缓冲库存** 在工序之间备有少量库存，可以防止当前道工序的加工时间出现变故时后道工序发生闲置。

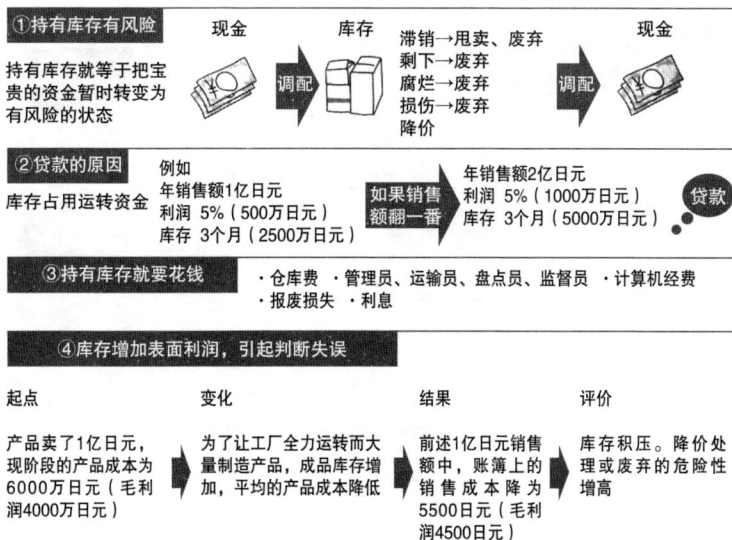

图7-14 持有库存的弊端是什么

应该在什么层次上持有库存？ 尽量在易于转用、通用性高的层次上持有库存会更有利。 一般来说，位于物料清单的下层，或者在装置工业中位于前期的工序，就能保证通用性（转用性）。

例如在钢铁行业，较之 H 型钢，薄板状态更具通用性。而追溯到板坯，甚至铁矿石，则更具有卓越的通用性。 再以家电行业为例，较之电冰箱，单拿出里面的发动机作为库

133

存，更有转用的可能性。

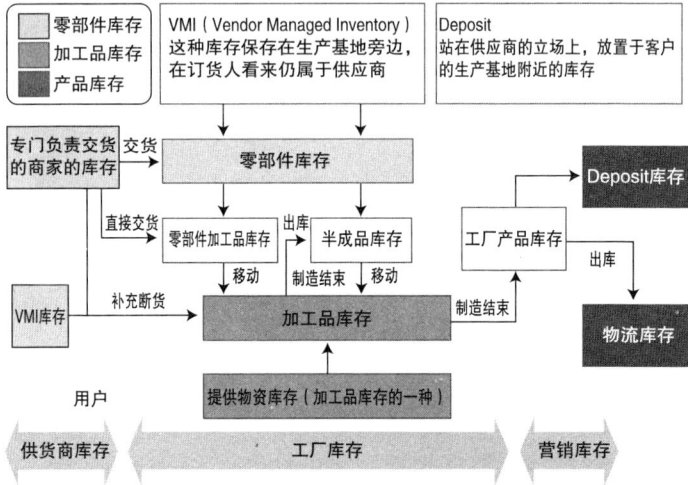

| 零部件库存 | VMI（Vendor Managed Inventory）这种库存保存在生产基地旁边，在订货人看来仍属于供应商 | Deposit 站在供应商的立场上，放置于客户的生产基地附近的库存 |

7-15　库存种类

这里有一点必须弄清楚，那就是到做出最终产品之间的周期有多长。 而且，弄清楚转用能够覆盖的阶段和环节也非常重要。

7-9　库存管理的机制与手法

库存管理分为物料管理和资产管理两个方面。

库存管理的目的
库存需要从物品与资金两个方面进行管理。

　　库存管理的目的在于，观察产品的销路、零部件的调配状况以及所持库存量的同时持有一定量的库存，以此确保在突发状况来临时能够做出适当的处理。

　　与此同时，为了让资金得到合理运用，抑制库存量同样重要。 而库存管理的作用就在于对以上两个相互矛盾的方面进行持续均衡的运行管理（参照图7-16）。

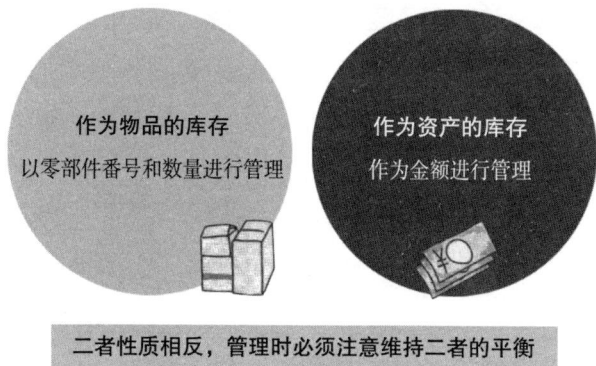

作为物品的库存
以零部件番号和数量进行管理

作为资产的库存
作为金额进行管理

二者性质相反，管理时必须注意维持二者的平衡

图7-16　库存的两个方面

库存现场的实际课题有如下几个。

①持有不必要的库存（越是没用的，越是持有过剩）。

②断货过多（反而越是需要的东西越是供应不足）。

③积压品、报废品过多（有些长期滞留品，如果以后还能用得上倒还好说）。

④库存成本管理过高（虽然投资在系统化和人员上，但是没有准确掌握好现货库存）。

为了解决上述库存管理的课题，首先必须根据不同的产品和零部件分别制定库存目标值。然而合适的数值是无法轻易得出来的。所以最实际的做法是建立一个能够制定目标并实现目标的体制，然后一步步靠近认为合适的库存值。要想做到这一点，必须提高库存的精确度，并实施库存评价管理。

提高库存的精确度与评价管理

要想提高库存精确度，就必须掌握实际状况中确切的数值。为了做到这一点，踏实地做好每天的出库入库工作是前提，接下来还要做到定期进行实地盘点，并确认其精确度。实地盘点可分为以下几种。

集体或定期盘点

某个时期对所有的库存品进行盘点（集体盘点），或者在月末或期末对其中一部分库存品或一部分场所的库存品进行盘点。

循环盘点

规定一个周期（每天或每个星期等），依次对规定件数的物品进行盘点。采用循环盘点法时，可以在规定保管场所（如各个货架等）后按顺序依次进行盘点，但更通常的做法是使用"ABC 管理方式"，进行重点管理（参照图 7–17）。

永续盘点

对库存量低于一定量以下或减少为零的品种或货架进行

盘点。

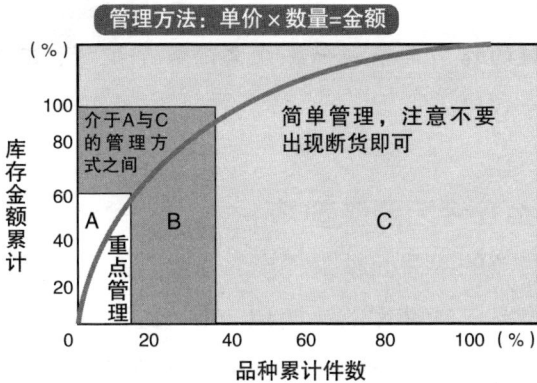

图 7-17 ABC 管理方式

设定目标值进行管理时所需要的具体指标是周转率和周转期。如果物品一入库，最好立即使用这两个指标概念（参照图 7-18）。

图 7-18 库存分析的手法

7-10 供应链的机制与目的

供应链的作用是串联一桩生意的各个过程，或者联系企业内的各个部门。

为什么在今天要谈 SCM

随着物流的覆盖面越来越广、速度越来越快，IT 的不断发展以及商品流通速度的高速化，市场的面貌也发生了巨大的变化。 于是人们对 SCM（Supply Chain Management，供应链管理）的关心有了显著提高。 下面让我们以手机为例，思考一下其受重视的原因。

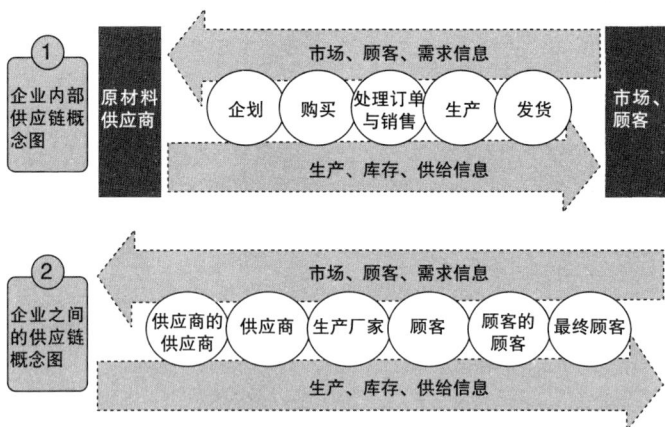

图 7-19 两种供应链

手机功能的不断增加，已经到了让人瞠目结舌的地步。

甚至有这么一个笑话，说手机能拍照片，能听音乐，能摄影，能辨别指纹，还能看电视，在这些功能之上，竟然还能打电话——可见手机功能的多样化程度之高。 从手机功能的多样化可以看出，市场的要求越来越多样，商品的新鲜度的时间在不断缩短。 而另一方面，市场和生产基地的国际化也在急速发展。

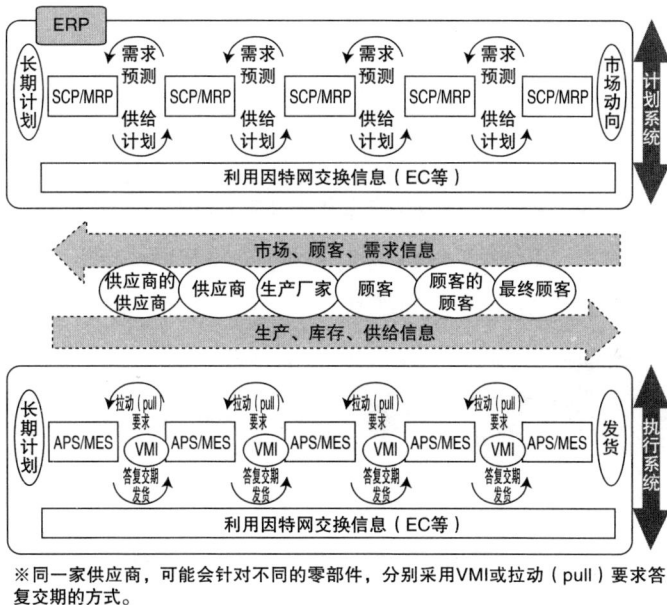

※同一家供应商，可能会针对不同的零部件，分别采用VMI或拉动（pull）要求答复交期的方式。

图7-20　支撑供应链的系统

然而，无论 IT 再怎么发展，也做不到用网络运送零部件或商品。 根据这点可以认为，包括运输在内的所谓物流行业需要进一步的改革。 换句话说，是 IT 的发展、市场的高速化以及物流的改革推动了 SCM 不断前进。

面对这种状况，怎样才能做出迅速敏捷的反应？ 至少传统部分的最优化理念，或者企业单打独斗的习惯已经暴露出了局限性。 今天，在"整体最优化"、"以顾客为导向"、"现金流量"三个关键词的指引下，企业与企业之间、部门与部门之间开始对业务进行重新整编。

两个角度看 SCM

SCM 可以从两种观点来分析。

一种是企业内部供应链，即强化设计开发、资源调配、生产、销售等各业务间的联系与合作。

另一种是把从原材料的采购到零部件供给、产品制造、物流、销售、顾客等一系列流程看成一桩生意的整个过程，在此基础上超越企业之间的界线，力争实现顾客的满意和业内整个企业的最高收益。 在企业之间形成"双赢"的关系，是成功的关键。

> **专栏7 长期在同一职场，从事同一工种容易"生病"**
>
> 一个工厂分为多个部门，每个部门都有很多人在工作。日本的公司，员工进入公司后一旦被分配到某个工厂或某个部门后，很多情况下会一直留在那里。而且

140

就算以后工厂变了，大多数情况下这个人所从事的工种依然不会改变。

这样的方式会让员工们产生部门归属意识，认为自己所在的部门才是最重要的。这种想法在适度的范围内没什么问题，然而一旦过于强烈，就会产生不体谅其他部门的难处，或者无法从工厂整个大局来思考问题。更麻烦的是，一旦一头深扎入某个组织，绝大多数情况下组织内部的人们是很难意识到上述问题的。下面就让我们倾听一下各个部门的人心里到底在想些什么。

设计部门：想运用最新的技术，接二连三地开发出划时代的产品。

营销部门：想在最短时间内向顾客交货，所以想持有尽可能多的库存。

生产部门：希望按生产计划生产，并提高作业效率。所以不希望因为设计变更或零部件进货日变更等情况而改变生产计划。

如果各个部门的自我中心意识严重，那么最终会出现无法生产出顾客满意的产品、持有不必要的库存、计划一旦决定后坚决不改等问题，变成一个没有效率的工厂。

为了让大家意识到一旦在同一个职场或工种上待久了就会产生难以避免的弊害，笔者将其戏称为"某某部门的职业病"。

　　下面就为大家介绍一下某家工厂出现的职业病。

　　设计部门：全体员工都有"爱迪生病"，爱迪生是天才，所以他没事。但一旦凡人得了这个病，只会徒增一批又一批卖不出去的产品。

　　营销部门："鹦鹉病"，打着顾客之声的旗号，不经自己的咀嚼就把各种意见推给工厂。可那些真的是客户的心声吗？

　　制造部门："受害者过度妄想病"，死活认为所有其他部门都在找制造部门的麻烦。但是你自己没给其他部门添麻烦吗？

　　会计部门："Excel 病"，只要横向竖向的计算对不上，心里就不舒服。分析数字表示的实质不是更重要吗？

　　IT 部门："IT 万能病"，在推广 IT 化之前，还是先进行业务改革吧。

　　人事部门："走形式病"，嘴上说是要商量，但是结论已经事先定好了。难道不应该深入讨论吗？

　　如果读者觉得自己可能在某一个职场或者某个工种上待得有些久了，不妨也思考一下自己的病名和病状吧。

（执笔者：筱原忠晴）

第 8 章
今日的生产现场

8-1　生产现场的意识与状况

生产现场就好比工厂的出发点，看得见工厂的状况。

在日本的制造业，工人们爱护生产现场，经常研磨工具，并热爱自己制造出来的产品，这些都是理所当然的工作态度。 日本制造业的优势不仅在于技术与经济方面的实力，可以说在很大程度上也依赖于员工们对现场产品的热爱。

具体来说，生产现场的小集团活动已经成为制度并固定了下来。 或许可以说，正是日本人传承了几千年的农耕民族的"基因"使得日本身为一个生产王国并遥遥领先于其他国家。

在日本一些拥有先进的 IT 技术和精密自动仪器的高尖端

科技工厂里，至今仍保留着这样的传统习惯：在需要用到火的制造现场或使用工具的生产现场，为了向灶神或武将之神祈求新一年的安全和公司繁荣，他们在元旦向神明供奉"镜饼"，并在过完年后将其做成年糕汤或小豆汤分发给员工。

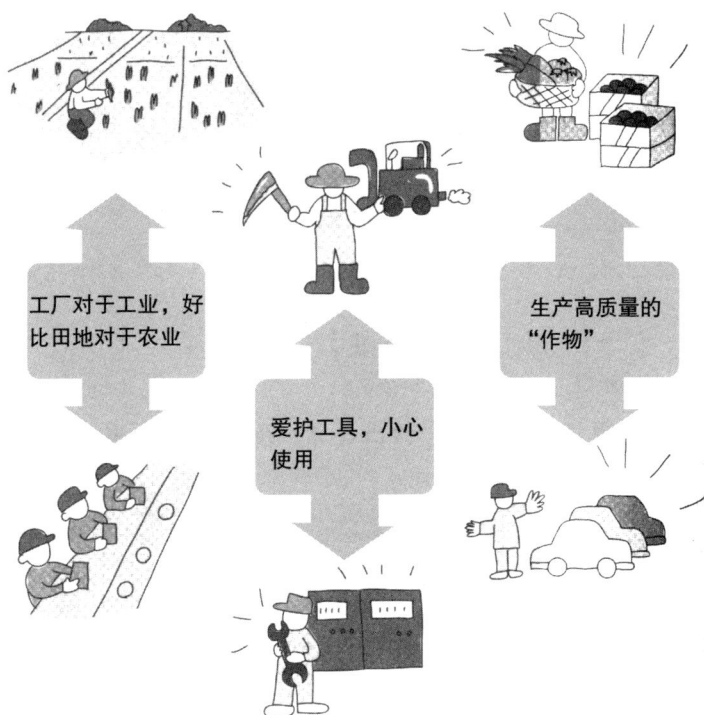

工厂对于工业，好比田地对于农业

爱护工具，小心使用

生产高质量的"作物"

图 8-1　工厂的运行好比在农田种植作物

在日本人看来这么做是再自然不过的，但外国的人们似乎感到非常不可思议。

这种行为其实源于日本人自古就有的"八百万神明"信

144

仰。 虽说人们还不至于相信每一件工具或装置里都住着一位神明，但还是会感到一些意识的存在，所以不少人为了祈求工作的安全与成功，时不时会双手合十，向那些工具或机器行礼。

相信读者们此刻也能想象得到，在工厂工作的人们是以怎样的态度与心情兢兢业业地完成各种作业，并艰苦顽强地从事品质管理和小集团的活动。

生产现场今后的任务

凭着生产现场深厚的基础实力，日本工厂的生产现场的高效化拉开了与其他国家的差距，并成为战后日本复兴的前进动力。 日本工厂制造出低价格、高品质的产品，让日本从"赶上欧美企业、超过欧美企业"，到最终跻身于世界经济大国的前列。

然而在不知不觉间欧美企业再次赶超上来，而且以中国为代表的亚洲各国也纷纷开始崛起。

随着生产基地、零部件供应商甚至产品市场的全球化发展，加上市场需求的多样化，产品的生命周期越来越短。 由于产品的价格暴跌，即使销量大也提高不了利润的状况持续不断。

现在的问题仅靠生产现场的努力已经无法解决了。 要想迅速跟上市场需求，趁热度还在时占据市场领头人的地位，不能仅依靠提高一个部门的效率，而必须从根本上对企业体

145

制做出改进，并站在国际化的角度上制定企业战略。

但这并不意味着传统的现场主义不再重要。 归根结底，改进并提高生产现场的效率是基本中的基本。 生产现场作为工厂乃至企业的出发点，需要进行比以往更深层次的改革。

8-2　什么是现场的流程管理

不能为了收集数据而收集。只有自然形成的信息才会反应真实的情况。

流程管理的目的
生产现场属于工厂内各种计划和作业的最终阶段，在现场实际制造产品并交给顾客。 为了保证把产品切实地交到顾客手中，需要下达准确的工作单，监督工作进程，并做好以下所列事项。

　　A. 遵守交期

　　B. 确保所需数量

　　C. 保证产品质量达到顾客要求

　　D. 排除所有残次品

　　E. 减少加工品和库存数量

　　F. 缩短周期（LT, Lead Time）

　　G. 提高设备和员工的工作效率

　　H. 及时汇报质量信息

146

　　然而在实际生产中，由于存在工序间的能力不平衡或生产材料的不足和不良，或产品成品率、计划的突然调整等阻碍因素，所以想做好以上几点并不容易。

　　要想排除上述阻碍因素并达到目的，必须完善生产方式、设备和铸造工具等方面的硬件体系及程序，同时还必须正确运用相应的管理体系（参照图 8-2）。

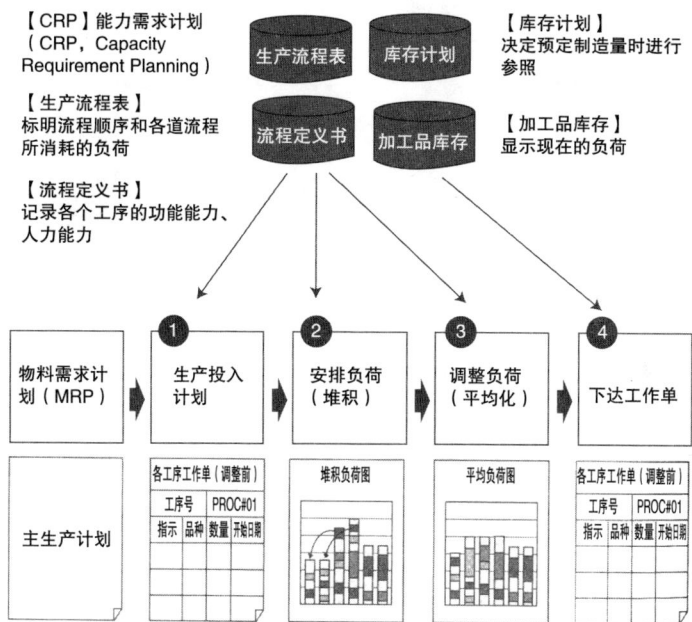

图 8-2　数据分析与作业单的下达

采集实绩数据的重要性

要正确运行管理系统，最重要的是保证物品与信息相一致。　但是，只是为了系统而采集数据的话是无法生产出产品的。　很多时候，为了收集而收集到的数据并没有反映出现场的实际情况。　只有在自然而然中形成的数据资料才能反映出真相。

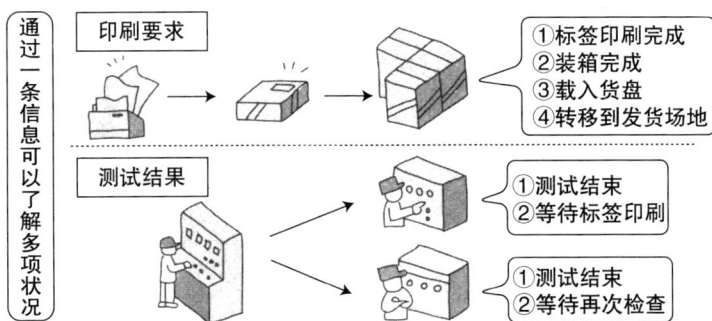

图 8-3　解释现有的信息

曾经发生过这样一件事：在某半导体制造工序中，数据采集工作进行得不正确，于是在向厂长直接反映后开始强制收集数据，结果后来的汇报说所有采集工作在班（Shift）与班之间的 1 个小时左右的时间里就做完了。　之所以发生这样的状况，是因为硬让收集数据，所以利用一班中工作完成后剩余的时间一口气把数据全部输入了系统。

我们需要的数据，应该已经存在于各道工序里。　只要找出理解并解释这些数据的方式并为其建立标准和形成体系，应该说几乎所有必要的数据都能在现场中找到。

148

8-3　流水车间与作业车间

不同的机械配置方式决定不同的生产工序。二者分别着眼于"作业内容"和"产品"。

流水车间的设计和注意事项

在以机械加工工序为主的制造工厂，在设计生产线时，有一种方法在进行设计时主要着眼于机械的配置。 下面就为读者们介绍这种方法的代表性案例。

其中一种是叫做"流水车间"的线性结构。

当产品的制造方式和顺序（产品的加工和组装）固定不变，而且需要大批量生产时，采用这种方法把机器按作业顺序排成一条直线。 有时也称其为"流动生产方式"。

该方式的特征是作业流程固定而且无停滞，流动速度较快。 因此正在加工中的产品数量与流水线的长度成正比，没有浪费。 这种方法还存在多种变化形态，比如一种产品可以设置多条相同的生产线，或者类似产品共用一条生产线交替生产等。

一条生产线上排列了多个作业工序，包括加工机械和组装作业等。

除了产品特性之外还需要注意一点，那就是如果各项作业工序的操作时间不一致，流水线就不能顺畅流动。 就好比交通要道在高峰时期发生了交通事故一样，可能会引起严重堵塞。

要解决这一问题，必须平均各个工序的作业时间，在此基础上努力避免产生残次品的情况，并排除机械和装置的故障。

上面提到的作业时间叫做"生产节拍"。为了理解这个词的含义，请读者们想象一下产品从生产线的最终工序完成时的情形。

假设有一家生产液晶电视的工厂，以一定的时间间隔制造出一台台大型液晶电视机。如果每2分钟生产1台，那么这2分钟就叫做生产节拍。

假设这条流水线有30道作业工序，所有的生产节拍均相同，那么1台液晶电视的生产周期就是1个小时（参照图8-4）。

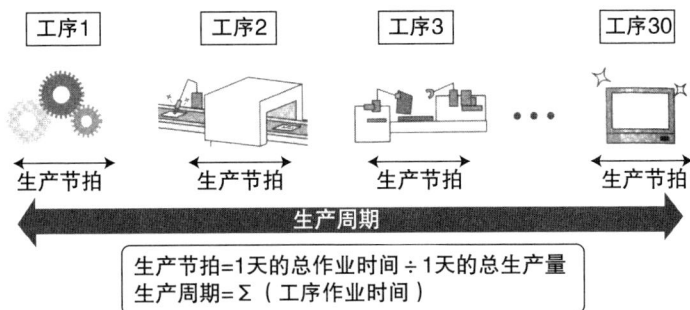

图8-4 生产节拍与生产周期

作业车间型生产方式

作业车间型生产方式适用于各种产品作业内容和顺序不

同的多品种小批量生产。

采用作业车间型生产方式，可以使用有限的机械和设备制造出各种不同种类的产品。 需要注意的是，要正确管理产品的流动顺序，并计划好投放的顺序以避免出现手头空闲或作业堆积，这非常关键。

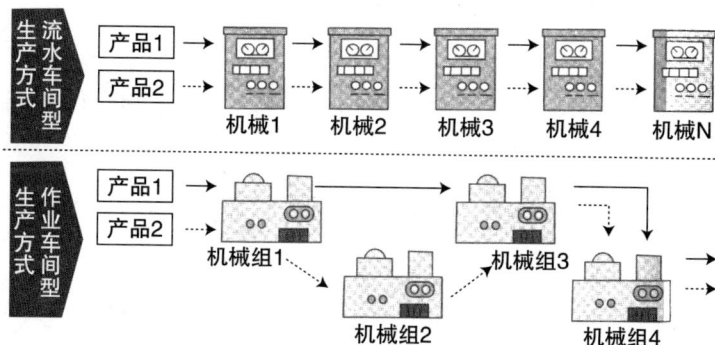

图 8-5 流水车间型生产与作业车间型生产

在此方式中制定计划被称为"车间作业调度"（Job-Shop Scheduling），前人针对各种不同的模型进行过大量的研究。

特别是当同一产品反复通过相同的作业工序时，为了得到最佳调度，需要进行相当复杂的计算。

例如在产品制造时，经常要反复进行切削、研磨、穿孔等单调的作业。 针对这一情况，如果设备投资费用宽松，也可以添加设备，像流水作业一样一字排开，避免反复作业。

151

8-4 流水线生产和单元生产

流水线生产在流动中制造产品；单元生产集中在一处制造产品。

流水线生产方式的机制

产品按顺序走一遍作业流程后完成制作的生产方式叫做"流水线生产"。由于产品要跟着流程走，所以也叫做"流动生产"。

如果流动方向固定不变，这种作业流程就叫做"流水车间型"流程。

相反，如果流动方式多种多样，这种工程就称为"作业车间型"流程。

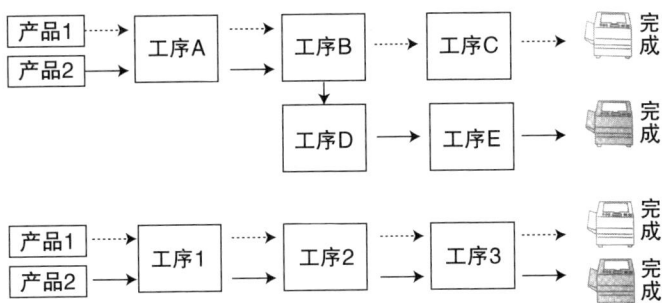

图 8-6　流水线生产方式概念图

流水线生产方式有如下几个特征。

①沿着生产线（传送带等）安排操作员。

②对组装流程进行分割，每个操作员负责其中一部分工作。

③可以雇佣廉价的非熟练工进行生产。

④工人很难提高工作时的成就感。

⑤面对生产量的突然变化很难随机应变。

流水线生产方式需要注意几个问题：对每个操作员所安排的工作要均等（工序设计）；整个流水线的生产速度等于最慢的操作员的速度（瓶颈管理）；一个人的停滞会导致整个生产线的停滞（短暂停止管理）等等。

生产大批量产品（汽车、家电产品及电脑等）时基本采用流水线生产方式。

单元生产方式的原理

单元生产方式与流水线生产方式不同，产品不会四处流动，而是集中在一处，周围环绕着人和机器，从第一道工序开始接受连贯作业，直到最后一道工序完成。 在美国，这种生产方式还称为"组装单元生产方式"。

单元生产方式有如下几点特征。

①不铺设生产线。

②操作员对同一件产品自始至终进行组装。

③操作员的工作成就感高。

④需要由熟练工完成。

⑤针对产量的变化可以随机应变。

153

采用单元生产方式需要注意以下几点：要对操作员进行作业训练，保证所有产品的质量相同（技能全面化）；设法让多种零部件合理有序地放置在操作员周围（物料供应与搬运的合理化）；高薪雇佣操作员的同时控制不增加加工成本（通过下达及时的生产指示和改善现场作业状况等）；降低每个单元放置的机械的价格等等。

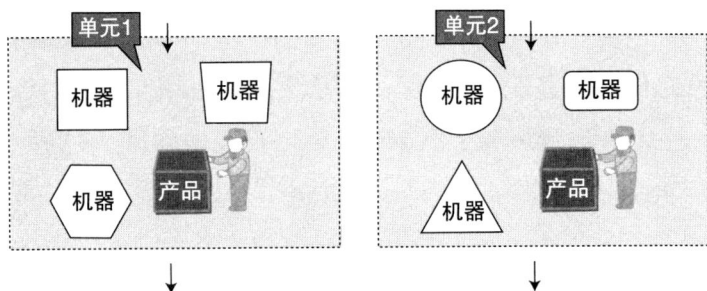

图 8-7　单元生产方式概念图

单元生产方式适合生产大型而且有相当重量的物品。 例如生产大型客船时，虽然零部件也可以采用流水线生产方式，但船体的组装需要在造船厂的船坞中进行。 这里的船坞也可以看成一个单元。

最近还有报告称制造复印机等机械时采用单元式生产方式的效果也很显著。

还有的汽车公司，其中一些可以选配特种产品配件或以特殊规格定制的款式，由于价格高昂，所以为了保证车的质量而采用单元生产方式，雇佣熟练工人手工制造。

154

8-5 "看板方式"的机制与效果

通过"生产指示看板"和"领取看板"减少工序浪费，降低成本。

丰田生产方式与看板方式

人们通常以为"看板方式＝丰田生产方式"，其实这种观点是错误的。"丰田生产方式"正如其名，由丰田汽车公司开发并发展，是一种与福特（FORD）汽车的生产系统（大批量组装流水线）相匹敌的新型生产方式。 丰田生产方式是以竭力减少浪费、提高生产效率为目的的方法体系，具体包括准时化生产（JIT）、自动化、少人化、创新方法等一系列的改善和努力。

"看板方式"只是丰田生产方式的一部分。 但是看板方式占据了其中的重要部分，它是在生产均衡化、作业标准化、缩短设备调整时间等众多前提的基础上，以物品流动和信息流动的同步化以及在生产现场实行准时生产为目的而创造出来的方法手段。

具体来说，"看板"是一种吊牌式的卡片，上面记录了必要的信息，由后道工序向前道工序送出要求。 然后前道工序根据指示进行必要的作业。 看板记录的基本信息包括"作业对象"、"作业时间"、"对象数量"、"要求发出人"、"要求接受人"等等。

155

看板大致分为两类（参照图8-8）。这两种看板经过一个叫做"Store"的零部件存放场，进行同步化（参照图8-9）。

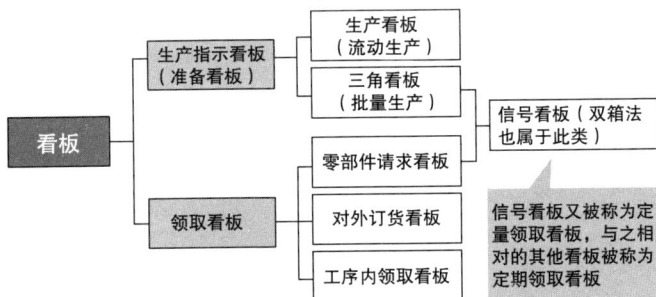

图8-8　看板方式的种类

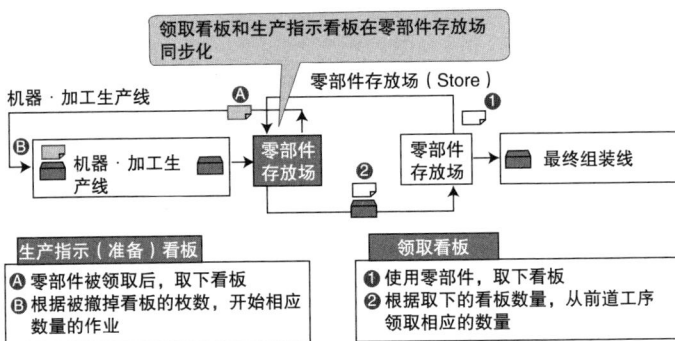

图8-9　看板的同步化

同时使用看板方式与 MRP

看板方式是在准时生产的实行阶段采取的方法。虽说看板方式留出了预定量，但如果要求领取的零部件是事先未列

156

在计划内的，那么也很难马上着手准备。 当然，一定程度的库存是必须的，为此就必须以预测为基础，提前通知必需的信息（零部件品种、领取时间、数量等）。

而且在拟定产品的投入计划时，也必须事先考虑到作业均衡化、工序能力平衡、零部件的调配计划等因素。

制定这种计划时，需要考虑零部件和产品的周期，再事先进行计划。 所以要运用 MRP（参照图 8-10）。

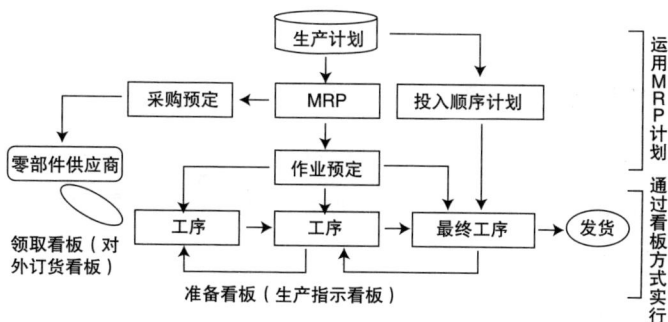

图 8-10 同时使用 MRP 和看板

8-6 "安全第一"的含义

正因为世人认为工厂非常危险，所以现场才把安全放在第一位。

一听到工厂这个词，大家会产生什么印象呢？

比如用大型电动工具凿孔，用起重机吊起重物，用传送带运送，高温溶解，用剧毒药物进行化学反应等等。 或许人

157

们会感到工厂从事这样的工作，肯定会出很多事故。 然而事实并非如此。

如果读者曾经进过工厂就会知道，工厂里经常能看到诸如"祝贺实现 500 万小时无灾害记录"的横幅或海报。 说明这家工厂长时间没有发生事故。 对于无事故发生的事情，为什么工厂要格外地宣传并庆贺呢？

而且在这么危险的工厂里，又是怎样才能保证长时间不发生事故呢？

对安全的考虑

根据日本的《劳动安全卫生法》第 3 章 "安全卫生管理体制"，制造行业中超过 300 人的事务场所具有完善劳动卫生管理体制的义务。

上锁挂牌制度

对于危险的场所和物品，规定禁止操作员之外的人进入或操作，将错误操作导致的事故防患于未然。

安全装备

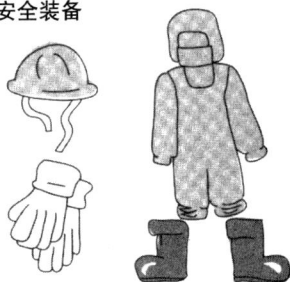

准备适合作业的服装，制定一旦发生事故时将灾害控制在最小程度的防御对策。

图 8-11　对安全进行的考虑

　　具体来说，要设置劳动卫生委员会（其中包括安全卫生总负责人、产业医师、卫生管理者、安全卫生推进者等），以建立安全而方便的工作环境为目的，进行以下三个方面的管理。

担架　　　　　　　　　　　紧急用淋浴器

图 8-12　紧急事故发生时的准备

①作业环境管理

　　消除有害因素，确保良好的作业环境。比如不让员工碰触危险的场所、部位和正在修理的机器。

②作业管理

　　防止作业时的有害情况发生，保证操作人的安全。准备易于工作的服装和保护工具，切实保护好工作人员的安全。

　　同时应该建立安全的环境，当一旦发生事故时，可以把灾害控制在最小程度。

③健康管理

　　对作业人员的身体和精神的健康状况进行管理，使作业人员一直保持健康状态。

　　具体内容包括实施健康诊断，分析研究作业环境和作业内容，将作业员的健康受损事件防患于未然。

不仅如此，最近几年来，对非吸烟者的照顾，对高龄员工和有残疾的作业员及家居办公工作者的关照都有了详细的规定。

正是通过以上这些活动、教育以及作业员自我意识的提高等，危险性高的工厂越来越成为"安全的工作场所"。

据说在不久的将来，继环境和质量之后，安全管理也将成为 ISO 国际标准的规定对象。 一般来看，ISO 的标准会提出比日本的现状更加严格的标准。

随着今天国际化的不断发展，现在日本的安全标准有可能达不到世界标准。 相信"安全第一"对于工厂而言，会重新成为受重视的关键词。

8-7　5S 活动与 3S 活动

工作场所净化活动的基本中的基本，每个工厂都在实行 5S 和 3S 活动。

5S 活动的目的

只要进入工厂，必定会看到工厂内某处挂着"整理、整顿、清扫、清洁、素养"的标语或匾额。 在日语里这五个词的发音分别为 Seiri（整理）、Seiton（整顿）、Seiso（清扫）、Seiketsu（清洁）和 Shitsuke（素养），首字母均为 S，所以合

起来被称为 "5S 运动"。

5S 运动的对象是工厂内的作业场所、工具、设备和零部件等。 这 5 个词不但在日常生活中具有重要意义，而且在实际的生产现场中具有更深刻的含义，所以并不只是为了凑出 5 个 S。 打个比方来说，日本在烹饪时使用的基本调料也有 5S——白糖（Satou）、盐（Shio）、醋（Su）、酱油（Shouyu）和大豆酱（Miso），做菜时按照这个顺序添加调料，就能保证各种味道最大程度的发挥。 虽说名称里只是恰好都带 S，但着实让人感到深奥玄妙。

对 QCD 的贡献与 5S 的开展方法

5S 活动具有直接和间接两方面的效果，具体来说还对预防保护和品质管理有帮助作用。 下面让我们通过一个简单的例子来看看。

首先，扔掉不需要的东西可以有效利用空间，有助于削减成本。 如果整顿工作进行得好，则易于安排小批量生产或混合生产。

比如在开始压轧加工或车床作业前进行设备调整时，准备铸造工具需要花费很多时间。 如果事先整顿好铸造工具，就可以缩短调整设备的时间。 结果上来说缩短了作业时间，同时实现了减少劳务费和缩短周期的效果。 物品放置于原处后，不但在想用时能够立刻找到，节省了时间，而且损坏或丢失的情况也会一目了然。

161

经常进行清扫工作，维持清洁的环境，有利于提高作业和产品的质量，也更容易及时发现异常状况。

"整理"、"整顿"和"清扫"是 5S 活动的基本，应该按时定期施行。

此外，"清洁"和"素养"起到了辅助作用。如果清洁状况保持得好，就说明整理、整顿和清扫工作进展得顺利。而素养则是指持续并自发地实施以上三项活动，这才是 5S 活动的最终目的（参照图 8-13）。

整理
把杂乱无序的东西摆放整齐。或者处理掉没用的东西。

整顿
整理摆放物品的位置与顺序，并维持整齐的状态。

清扫
经常扫除保持清洁。保证环境干净整洁。

清洁
没有污垢。

素养
让员工们做到有礼貌，养成好习惯。

图 8-13　5S 的内容

采用 3S 活动促进合理化

除了 5S 运动之外，工厂还会开展促进合理化的 3S 运动。3S 的命名并非来自日语单词，它表示的是 3 个英语单词的首写字母。 3S 运动向我们展示了合理化的方法手段，告诉我们应该如何具体消除不合理、不一致和浪费（参照图 8-14）。

图 8-14　3S 的内容

①简单化

防止工作和产品的多样化，减少数量，由此排除作业和管理上的浪费。

②标准化

并不应单纯控制数量，应该找到共通部分进行整理统一。 通过上述方法减少产品种类，达到量产效果。 与此同时推进零部件和铸造工具的共享化，提高运转率。

③专业化

加强技术和质量方面的专业领域，即专攻拥有核心竞争力的领域，力争胜过同行业的其他竞争对手，一家独大。 打出这样的标语并由全体员工共同努力，才是工厂积累基础实力的关键。

163

专栏 8　你看过电影《超市之女》了吗

为什么企业要想方设法提高 CS（Customer Satisfaction，顾客满意）呢？是因为顾客就是上帝吗？答案是否定的。那么是因为最近流行 CS 这个词？也不对。

无需多言，企业是以获取利润为目的的组织。当谈到 CS 时，一般会这样解释："通过提高顾客的满意程度，让顾客喜欢自己的商品，可以增加回头率。这么做可以提高销售额，获得利润，有助于公司的成长和发展。"

笔者认为这说的就是大实话。事实显示，很多从根本上追求顾客满意程度的企业实现了持续性的发展。比如迪士尼乐园（Disneyland Park）、戴尔电脑（DELL）、美国西南航空公司（Southwest Airlines）、花王（KAO）等等。

这些企业致力于提高 CS，并从结果上获得了满意的业绩，这是不争的事实。而与此同时，另一股力量也发挥了作用。那就是"当看到顾客们满意的样子时，为此而付出劳动的员工们也会感到喜悦，进而由衷地想让顾客们满意"。笔者认为这种良性循环也功不可没。

对于还没有做到这一点的企业，"树立 CS 第一的企业文化，教育员工和改善意识"才是他们应该迈出的第一步。

笔者在为自己的客户（大多在工厂工作或从事营销工作）提供咨询服务时，都推荐他们看一部叫做《超市之女》（伊丹十三导演、宫本信子主演）的电影。

这部影片生动地讲述了由宫本信子扮演的"某旧式超市新上任的店长"，站在顾客的角度上，在与思想守旧、固执己见的鱼、肉供应商等人抗争的过程中，一步步把超市重新搞活的故事。从这部电影中可以找出众多有关 CS 的意识改革和企业改革的要点，推荐读者们看一看。

（执笔者：松林光男）

165

第 9 章
成本管理机制

9-1　成本管理与获取利润的机制

成本管理的难点在于掌握产品的质量与成本之间的平衡。

降低成本意味着什么

作为一个企业，最重要的是保证持续性的销售并获取利润。 那么，怎样做才能获取利润呢?

在进行具体说明前，首先让我们看一下成本是什么，利润又是什么。

成本是指在生产和销售产品或提供服务时所花费的所有费用。 而利润则是一定时期内的销售额减去所耗成本的差额。

由此可知，获取利润的方法有两种：要么提高销售额或产品价格，要么降低成本（参照图9-1）。

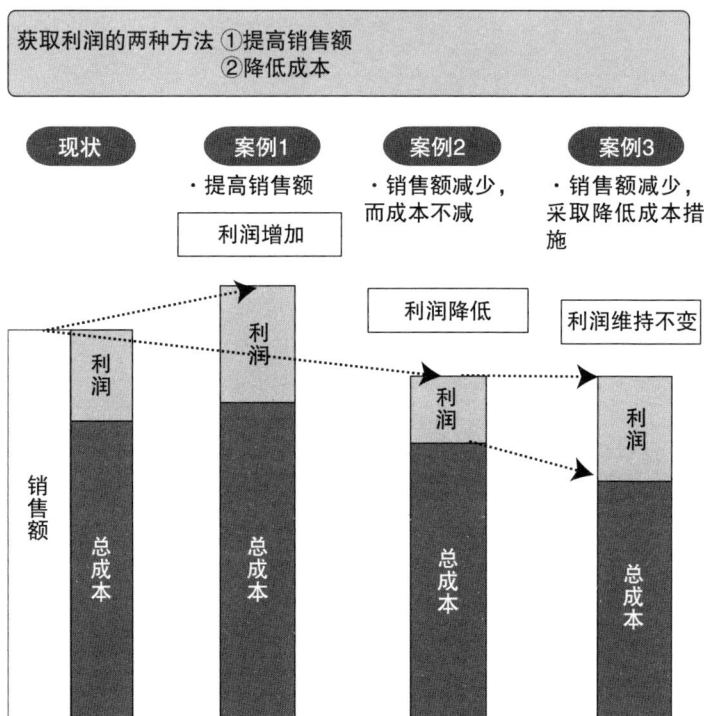

图9-1　获取利润的方法

然而在今天这个物质过剩的时代，提高销售额绝非易事。而且价格取决于市场的竞争原则，不是可以随心所欲而决定的。

因此，企业首先要找到降低成本的方法，这是可以靠自身努力办到的。公司上下必须齐心协力，保证哪怕出现销售

168

额降低的情况也能获得利润。

但需要注意一点，一定要保证不能为了降低成本而削弱产品的性能或牺牲产品的质量。保证质量与成本之间恰到好处的平衡既是成本管理的困难所在，也是成本管理的最大意义。

成本管理活动

成本管理的作用在于有计划并系统地开展降低成本的活动。

成本管理活动的内容非常广泛，包括"低价采购原料、零部件"，"提高工厂作业的效率"，"排除所有浪费现象"等等。

成本管理活动是覆盖整个公司的活动，要想做得好，就需要具备相应的手段。具体可从以下几个方面入手。

A. 时时刻刻正确把握成本的状况。

B. 持续地开展成本改善运动，将成本保持在合适的水平。

C. 及时并简明扼要地向企业高层或部门负责人提供有价值的成本信息。

成本管理活动按照改善活动的不同时期，可分为两种。

①新产品开发时的活动

在开发新产品时，作为今后即将开发的新产品的目标而拟定一个成本，并朝这个方向开展成本改善活动。

②每年举行的一般活动

在年度初期结合着利润计划设定成本目标，拟定成本改善计划，用一整年时间进行改善活动。

成本改善活动称得上是成本管理中最重要的工作。各部门必须抱有"誓死也要把成本降下来"的决心，并切实发挥好自己的本职作用。

所以，不断寻找新的改善方面和开发新的解决途径将十分重要。

9-2　掌握成本的内容和种类

分析成本时，首先要理解并掌握成本的内容和种类。

成本的内容

成本具体可以从以下四个角度进行分类（参照图9-2）。

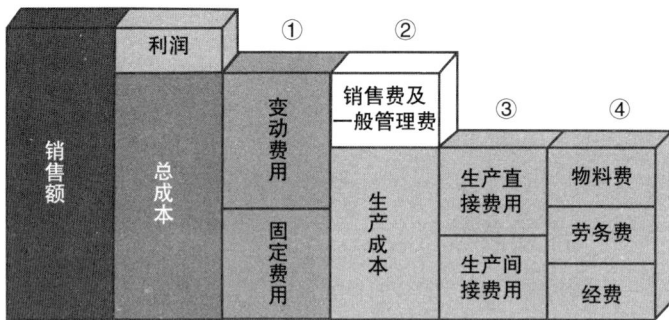

图9-2　成本的内容

①根据费用是否随产量增减而增减进行分类

与产量的增减成正比例关系进行增减的是变动费用（物料费、加工费），保持一定不变化的是固定费用（员工酬劳、设备）。

②根据费用发生的部门进行分类

销售、开发、总公司管理部门的费用属于销售费用和一般管理费用，工厂所耗费用是生产成本。

③根据生产个别产品时所花费用能否分清进行分类

能分清的是直接费用；用于所有产品、分不清的是间接费用。

④根据产品成本的费用的组成要素进行分类

成本的组成要素分为三个项目，即产品所包含的物料费用，支付给在工厂制造产品的员工的报酬等人工费用，除此之外的各种经费。

成本的种类

根据管理目的的不同，成本可以分为三类。 每家企业均选择最适合自己公司的种类（参照图 9-3）。

①适合不同行业种类、行业形态的成本

综合成本等于计算成本期间所产生的产品的费用除以该期间内的产量。

所以同一期间内制造出来的所有同类产品的成本均相同。 综合成本比较适合不受生产时期影响的存货式生产或连续生产（如面粉加工、食品加工、纤维等）。

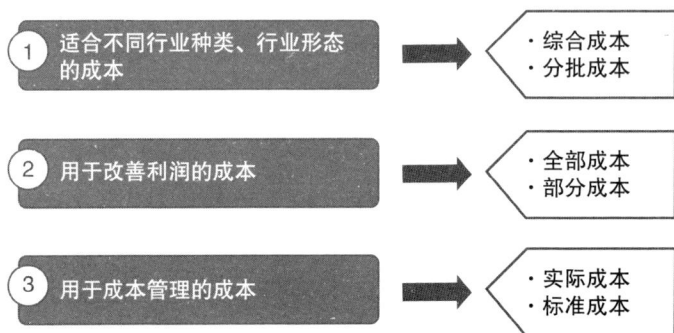

1	适合不同行业种类、行业形态的成本	→	·综合成本 ·分批成本
2	用于改善利润的成本	→	·全部成本 ·部分成本
3	用于成本管理的成本	→	·实际成本 ·标准成本

图 9-3　成本的种类

分批成本的计算方法是，按照顾客订购的不同产品的生产订单分别计算成本。　分批成本适合于每次生产的产品种类均不相同的接单生产（例如机械、造船、建筑等）。

②用于利润改善的成本

全部成本是指把制造产品所花费的所有成本归纳起来的一般性成本。

部分成本是指根据使用目的仅从产品成本中抽出一部分进行计算。　例如有些时候，把部分成本看作变动费用，然后从销售额中减去作为变动费用的部分成本，得出边际利润。由此可以从利润中去除固定费用的影响，看出销售额的增减对利润的贡献程度，并了解哪种产品获得的利润最高。

③用于成本管理或决算的成本

实际成本是根据生产活动的实际情况计算出的产品成

本，反映了成本的真实水平。

标准成本是在进行标准性生产活动时可预计的成本。 标准成本有多种用途，比如"成本管理"、"简化成本计算步骤"、"提供预算数据"等等。

使用标准成本进行管理的具体做法是，比较一定期间内生产活动的实际成本和标准成本，按不同的成本项目计算出成本差额，然后分别管理各个成本级别。

拟定标准成本时应该注意，所定成本必须让现场管理者认可，并且在各部门之间的水平也要统一。

9-3　成本管理活动与成本计算

本小节将介绍成本管理的具体活动与成本计算的方法。

成本管理的四项工作

成本管理工作由四个职能组成：成本策划（开发时的成本管理）；制定成本计划（每年结合预算管理进行的通常的成本管理活动）；成本改善活动；成本活动的管理（参照图9-4）。

①成本策划

进行成本策划，要在开发新产品时，以作为产品战略而实现的利润目标为基础，制定成本的目标。

接下来预测成本的变动趋势，即以现在的实力生产新产品时，成本会是多少。 将目标成本与在变动趋势中形成的成本进行比较，分析其差额和原因。

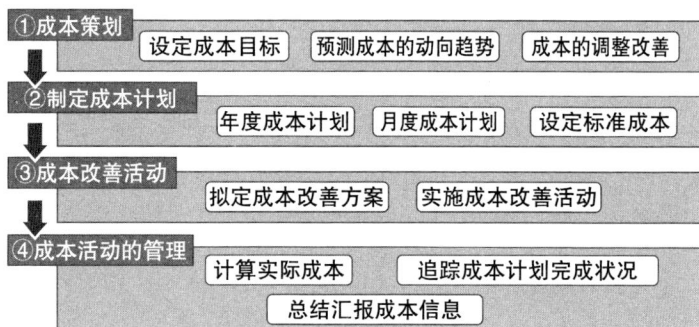

图 9-4　成本管理的职能体系

一般情况下，实际变动中形成的成本要大幅度高于目标成本。 于是接下来就要思考如何将其控制到目标成本的水平——这才是成本管理活动在真正意义上的开始。

②制定成本计划

制定成本计划时，首先根据年度利润计划和销售额计划制定成本目标。 将其传达给各部门，在反复分析和调整的过程中制定年度成本计划。

然后制定每月一次的"月度计划"，随时更新，反映变动。

③成本改善活动

成本改善活动是指为实现成本目标，制定具体的成本改善方案和行动计划，以此为基础进行实际活动。

174

④**成本活动的管理**

成本活动的管理就是根据生产活动的实绩，分别计算不同产品的预计成本。

然后核对成本计划是否如期进行，即对目标成本和预计成本进行比较，按照经费项目分别计算出成本差额。 如果存在较大差异，在查清原因后反馈给相关部门。 然后及时并简明扼要地把成本情况汇报给公司上层领导或管理者。

成本计算的方法

成本计算的目的是管理成本、管理预算、制定财务决算报表。

进行成本计算时，需要汇总从材料到产品的整个过程中发生的费用，分别计算不同产品的成本（参照图 9-5）。

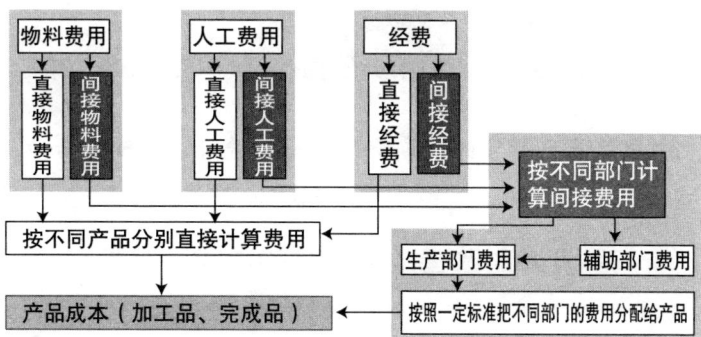

图 9-5　成本计算的方法

成本计算分为以下几个步骤。

①按成本项目分别计算

分别计算物料费用、人工费用和经费三个项目各自的成本，然后分为直接费用和间接费用进行汇总计算。

②按部门分别计算

根据与生产直接相关的生产部门和从事辅助性工作的辅助部门，把间接费用分成相应的两部分，分别计算各个部门的成本。

然后把辅助部门的费用重新记入到生产部门再进行计算。

③按不同产品计算成本

直接费用直接计算；关于间接费用，则把暂时记入到生产部门的费用按照一定标准（例如不同产品的加工时间、机械运转时间等）分配到产品上。

9-4　成本改善活动的内容

应该从产品开发的初期阶段开始，进行成本改善活动。

新商品开发时改善成本活动的内容

从新产品开发的策划到投放市场的过程中，通过成本策划活动提高产品质量，并在反复分析研究中拟定成本。

人们认为能够改善某产品成本的机会一般集中在这一时期，所以很多企业都很重视。 这就验证了一句俗话："打铁要趁热"（参照图 9-6）。

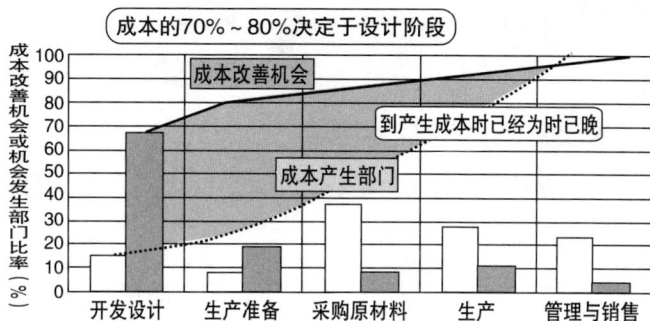

图 9-6　成本策划阶段可以改善的范围

　　具体来说，首先要积极讨论研究一些课题，例如产品结构怎样才能设计成简单的组件；如何才能实现零部件利用的共通化，避免不必要的新设计等等。

　　其次要开展的活动被称为生产率分析。这些活动从开发的早期阶段开始，由设计部门和制造部门共同进行。两部门各自发挥自己的专业长处，针对怎么做才能采购到物美价廉的原材料、产品采取什么结构更易于制造、如何最优化利用现有的生产技术等问题进行探讨研究。甚至有些时候，从这一时期起就联合专业的零部件供应商进行共同探讨。

　　开展以上一系列活动，必须由企业内多个部门的成员在短时间内高效率地完成，所以通常情况下以成立项目的形式进行。

　　这里容易遇到的问题是，很多企业受开发期限所迫，在还没有完成对成本改善的充分研究的情况下就不得不投入量产。 因此，以简单实现缩短开发周期、检索产品信息为目的而创造的"并行工程"（CE）及"产品数据管理"（PDM）将成为今后企业进行成本改善活动的关键要素。

成本改善活动的基本内容

下面为读者们介绍成本改善活动的基本内容。 根据降低成本活动的不同目的，可以分为三种。

从第一种到第三种的活动，对利润的贡献度会逐渐递增，但活动范围也更广，需要花费更多的时间和精力去实现。

①降低变动费用的活动

这项活动的重点首先在于如何以低廉的价格采购占生产成本整体 60%~80%的原材料。 具体活动包括集中采购、竞争投标、与其他企业共同采购、从海外采购等等。 其次要在公司内部找到能够以少数人进行大量生产的方法，减少工序内的浪费。

②固定费用转化为变动费用的活动

固定费用一般保持固定不变，不受产量增减的影响。 所以这项活动的目的在于把上述固定费用转化为与产量呈正比例关系、做了多少工作就付多少费用的形式。

过去的公司往往有自给自足的思想，什么工作都往自己身上揽，而在今天，公司只负责核心业务，其余的一概托付给其他专业公司的委托外包形式逐渐成为主流。

现在，委托外包形式在设计、生产、IT、物流等部门已经得到了普遍应用。

而在最近几年，就连一直被认为是外部绝对不能触碰的会计和人事部门的工作，也逐渐成为了委托外包的对象。

③削减固定费用的活动

这项活动是对企业基础设施（人力、土地、设备）进行整理和合并。 例如整理合并多余的工厂、事务所和物流基地，通过 IT 化提高工作效率，并随之削减人员等。 在开展此项活动时，对盈亏平衡点进行分析，正确把握公司水平是非常有效的（参照图 9-7）。

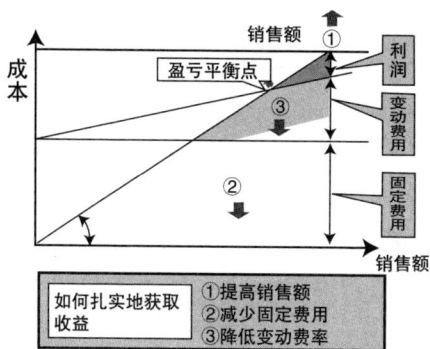

图 9-7 利用盈亏平衡点进行改善

9-5 ABC 成本计算法

ABC 和 ABM 扩大了成本改善的范围。

以往在进行成本计算时，主要计算的是直接费用。 间接费用作为次要因素，按照一定标准（工作时间等）粗略地分配给产品就足够了。

然而随着生产线的自动化水平的提高以及间接作业的深化与复杂化，间接费用在生产成本中所占的分量越来越大。随便分配到各个产品上的传统计算方法越来越不能反映实际情况。

在这样的背景下，"ABC"成本计算的方法应运而生。

什么是 ABC 成本计算法

ABC（Activity Based Cost）意为"基于活动的成本计算"，即以生产所消耗的"活动"为标准，对间接费用合理分配的方法。

下面我们以检查工作（由零部件检查、成品检查、出货检查三项"活动"构成）为例，看一下 ABC 成本计算法的步骤。

首先把按照报酬、交通费、物料费等项目记录的成本分摊在"活动"上，计算"活动"的成本。 具体步骤如下：

①统计检查所花费的报酬和间接费用并得出总劳务费，根据各个检查所花费的时间（资源移动）将其分配给三项"活动"。

②按照上述方法将物料费用和直接经费分配给三项"活动"。

③将以上各数值相加，得出各个"活动"（比如零部件检

查）的成本。

然后以某项标准（资源移动）将该"活动"的成本分配给成本计算对象（例如 A 产品）。

例如，零部件检查"活动"的成本的分配标准是 A 产品的零部件检查件数，出货检查"活动"的成本的分配标准是 A 产品的出货件数，等等。

通过上述计算，将检查费用更准确地分配给了 A 产品。假如在生产 A 产品时零部件的无检查化程度提高，就能降低 A 产品的检查费用，这是使用以往粗略的计算方法所无法实现的（参照图 9-8）。

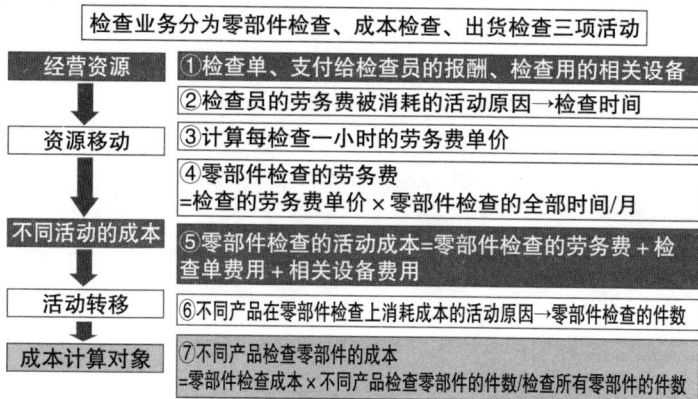

图 9-8 采用 ABC 成本法计算检查工作的活动成本

什么是 ABM

ABM（Activity Based Management）意为作业成本管理，目的是对日常业务过程进行改善。

181

该手法是利用 ABC 成本计算法得到的活动成本信息来分析业务过程，按不同活动降低成本，有助于推进企业的改革活动。

ABC 与 ABM 的效果

以下事例显示了 ABC 和 ABM 的成效（参照图 9-9）。

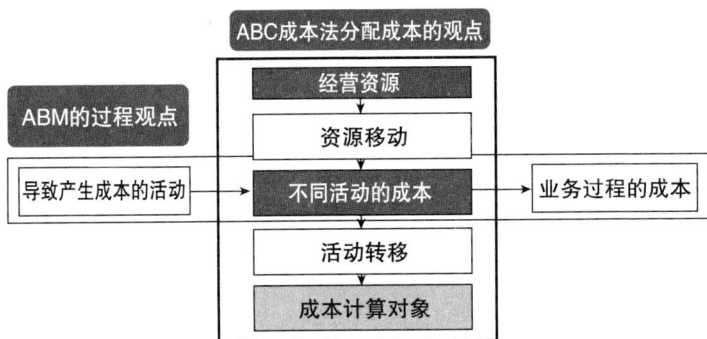

图 9-9　ABC 成本计算法与 ABM

①能清楚地了解业务过程中各个环节的成本，成功实现了成本改善。

②可以对销售价格及采购品的成本结构进行更细致深入的分析，对设定销售价格、交涉采购价格发挥了有效作用。

③了解了过去无法把握的存在赤字的市场领域，改变了营销策略。

④分包商对订货费用进行分析后，劝顾客将随机订货改为定期订货，实现了成本改善。

专栏9　第4种战略——速度经营

企业在与其他公司竞争时需要制定企业战略，以下三个方面的战略非常重要。

第一个是高科技战略，即持有压倒性的技术实力，生产其他对手造不出来的东西。40 年前的 IBM、现在的因特尔（Intel）、擅长生产液晶的夏普（SHARP）都是此类的典范。

第二个是低成本战略，即自始至终贯彻低成本，让其他企业无力可及。采用这一战略的典型有刚创业时的大荣（Daiei）、现在的优衣库（UNIQLO）、100 日元商店等等。

第三个是紧贴顾客战略，即以特定顾客为对象，为其提供解决方案以满足其全部要求。IBM 是其中的典型代表。不过最近几年来几乎所有的信息系统企业都将其称之为"解决方案（Solution）"，并为实现这一战略目标而努力。

上述每一种战略都有道理，无论选取哪一个，都有可能制定出优秀的、有效可行的战略。

但是一个企业如果想全部满足以上三个将会遇到很多困难，会出现问题并最终失败。或者有的企业勉强想满足其中两个，但力量被分散，最终进展也不会顺利。

不过现在有第四种战略——"速度"。这种战略意味着比其他公司更早地向市场推出新产品，立刻向顾客答复交期，比其他公司在更短的期限内向顾客交货等等。戴尔电脑及亚马逊（Amazon）就是这一战略的典型代表。速度战略可以作为第四种战略，仅靠这一个也能制定出优秀的战略。

提起工厂，人们通常会提到"安全第一"。而实际上在工厂里，提高速度也是提高顾客满意程度、削减库存的关键因素。今后，速度将与安全和品质等因素比肩，占据越来越重要的地位。

（执笔者：松林光男）

第 10 章
品质管理机制

10-1　品质管理的目的

分别明确"品质"和"管理"的意义，就能了解品质管理的实际状况。

品质源于以顾客为主体的理念

首先，什么是品质呢？ 根据日本工业标准（JIS，Japanese Industrial Standards）的定义，品质是指"决定物品或服务能否满足使用目的的固有性质和功能的整体"。 换句话说，品质就是"显示物品或服务优良与否的事物"。

人们对品质的理解随着时代的发展越来越广。 最初对产品质量的要求是"符合规格"，而在今天，人们对品质的理解是"包括产品在内的所有服务的品质要满足顾客的要求"。

这里所说的"顾客要求的品质"到底指的是什么？ 就是"制造优良的产品，以低廉的价格，在需要的时间，将所需的量提供给顾客，并能让顾客放心使用"。

为了满足以上几点，在把注意力投向"产品或服务本身的质量"的同时，还必须重视作为产品和服务的源泉的"工作方式与机制的质量"，并不断加以提高。

需要管理什么

接下来让我们思考一下管理是什么，看它是如何在维持和改进业务水平上发挥作用的。

维持并改进业务水平，首先要设定一个应有的改善目标。 然后从 5W1H（做什么、谁来做、为什么、在哪里做、什么时间内完成、用什么方法）的角度制定具体计划以实现目标。

然后执行该计划，并检查结果。 如果发现问题就要找出原因并采取对策，最终实现目标。 上述一系列的工作就叫做管理。

这种方法是由戴明（Deming）博士提出的，叫做"PDCA（Plan Do Check Action）"循环，被应用于公司的各项业务中。

品质管理的目标

综合上述讨论，品质管理（Quality Control）就是"以包含产品在内的所有服务为对象，以顾客的要求（能够在需要的时候，安全放心地使用优质、廉价的商品）为目标，通过PDCA 循环综合地维持并改进产品和工作方式的活动"。

品质管理活动分为两个方面：在日常业务中为保证一切不偏离品质目标而进行的维持与管理的活动；为保证产品质量、提高顾客满意程度而进行的改善活动。

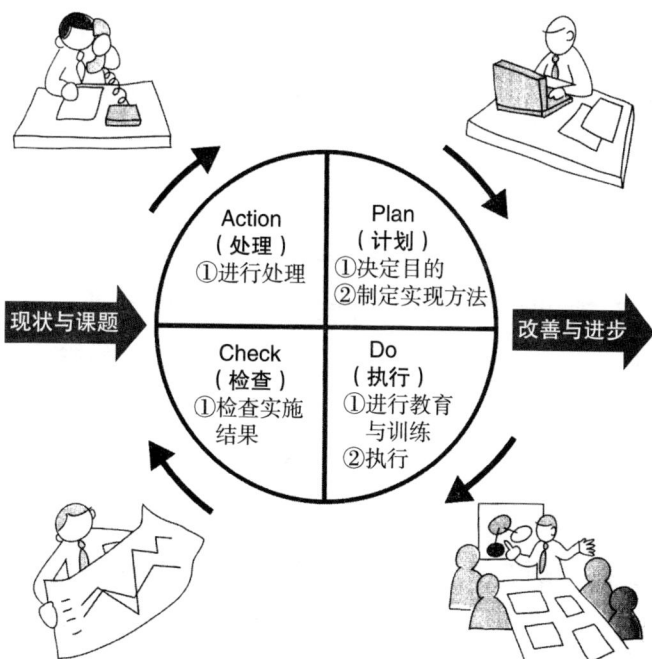

图 10-1 品质管理中的 PDCA 循环（戴明环）

187

要将以上两方面进行有机结合，进行改善后加以维持，然后继续改善并继续维持，在反复不断的管理中让公司发展与进步。

品质管理活动在各个企业以形态各异的方式普及开来。这是因为随着品质管理的目的（保证品质）和理念（管理、改善、维持、提高）的逐步明确，实现这一目的和理念的各种方法论和工具也随之诞生了。

10-2　什么是品质保证（QA）

随着时代的发展，品质保证的观点正在逐步改变。

什么是品质保证

品质保证（Quality Assurance）就是为了向顾客保证自己公司的产品和服务的质量而在生产中进行的系统性活动。品质保证是品质管理的目的或核心活动，换句话说就是"生产商向顾客做出承诺，保证提供顾客满意的品质，为实现这一目标在公司内制定体制和规范，公司上下共同遵守并进行与其相关的活动"。

现今，品质保证在各个企业得到了广泛应用。产生这一现象的背景有两点：品质管理的重点由过去的追求产品本身的质量转变为今天的追求经济性与生产性；顾客要求的品质越来越高，相应地需要更加严格的管理和更高的品质水平。

品质保证活动的变迁

一直以来，品质保证活动随着经济环境和顾客需求的变化，发生着缓慢的变化。

品质保证最初时主张"检查重点主义"，认为只要严格把握检查关，把不合格产品控制在公司内部就万事大吉。

然而无论进行多么严格的检查，都不可能实现零次品率。而且检查到不合格产品后，因为需要返工或者报废，还会出现废屑堆积如山的问题。在这样的状况下，电器产品迎来了大批量生产的时代，于是这种方法也走进了死胡同。

紧接着，出现了"流程管理重点主义"的观点。这种观点的核心是在工序中不断提高品质。通过流程管理品质，保证生产出来的几乎都是合格品，那么就不再需要检查。与此同时还能提高生产率和顾客信任度，是一种一箭双雕的做法。

但是这种方法也出现了一个问题：无论怎么在流程管理中加以注意，只要产品在设计上存在缺陷，就保证不了品质。

于是"新产品开发重点主义"受到了人们的关注。这种方法的思路是在开发的各个阶段都认真进行品质评价和信任度分析，在生产的初始阶段就保证产品的品质。随着高额的耐久性消费资材的出现，消费者们越来越要求产品既能安全使用，又要易于保管，还需要具有较高的经济性——这也是人们对"新产品开发重点主义"越来越重视的原因之一（参照图 10-2）。

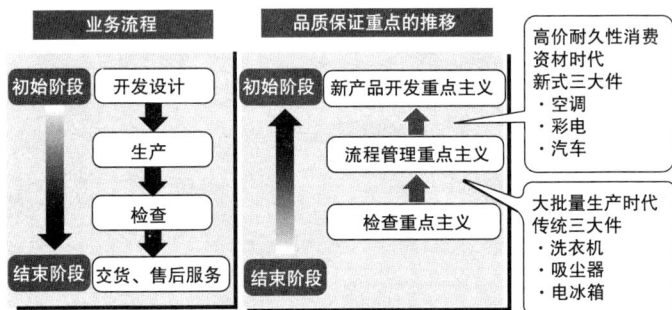

图 10-2　品质保证重点的变迁与推移

如何开展品质保证活动

要想在所有部门开展好"品质保证活动"，应注意以下三项。

①在过程中反复不断提高品质。

②制定有效的机制。

③将这一机制确立为"品质保证机制"。

具体做法为，首先将从产品开发到客户服务的整个过程分为七个环节（参照图 10-3）。 其次决定执行各个环节的负责人。 然后确立以生产高品质产品为目标的体制。 要维持这一体制，必须制作大量守则说明并经常维护整理。 另外，为了更好地进行持续的管理和改善，反复实行 PDCA 循环非常重要。

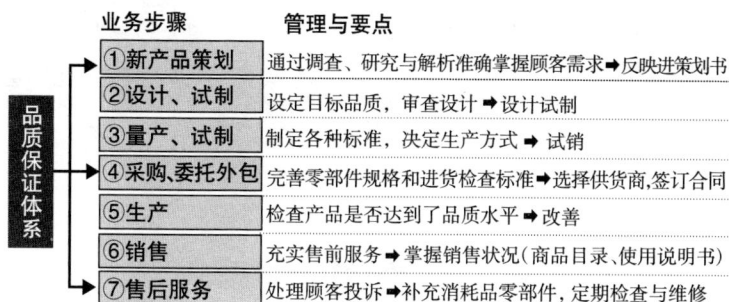

图 10-3　品质保证体制与管理要点

10-3　处理客户投诉

将客户投诉处理得好，可以化干戈为玉帛。

什么是投诉

投诉（Claim）的本意是"要求（索赔）"，指产生金钱关系的情况，也就是说如果产品出现故障则要求补偿损失。 而这个词到了日本之后含义变得更加广泛，甚至还指消费者提出的意见、埋怨等。

只有当本来商家应该做到的事情没有做好时才会导致顾客投诉。 所以当发生投诉时，最重要的是迅速处理。 如果怠慢，还可能引发官司，甚至会被媒体或消费者团体推上口诛笔伐的风口浪尖。 而一旦发生最坏的情况，不但产品卖不出去，就连企业本身都可能被市场淘汰。

相反，如果投诉处理得好，反而有可能获得顾客的正面评价，招来更多客源。 根据古德曼（Goodman）法则，在提出投诉的顾客中，对商家迅速回应表示满意的人中有 80% 会恢复对商家的信任，选择继续购买。

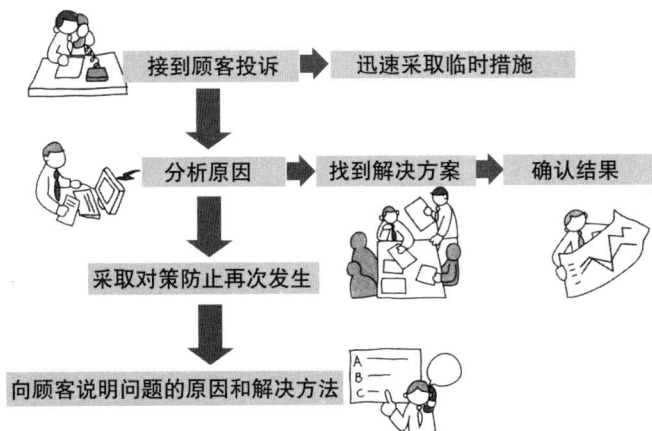

图 10-4　处理投诉的步骤

投诉的处理方法

英国航空公司曾做过一份调查，结果显示，"搭乘飞机的旅客，感到满意的人会转告给其他五六个人，但由于偶尔的服务不佳而感到不满的人会转告给十个人"。 也就是说，恶评的传播速度是好评的两倍。 据说在得出这一结论后，该公司立刻采取了相应的对策。

花王集团每年会收到超过十万件关于商品的意见和投诉。 该公司保留这些信息并反馈给开发部门。 然后根据这些信息进行商品开发，将其逐一反映在热销商品中。 这就是一个转负为正的好例子。

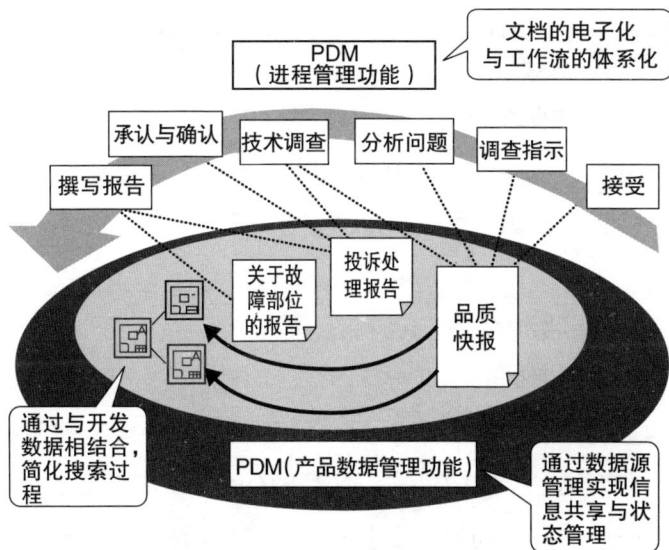

图 10-5　灵活运用 IT 处理投诉

那么通常情况下企业在面对投诉时应该如何处理呢？

首先应该迅速、准确、真诚地接受顾客的投诉。 对于蒙受损失的顾客，要向他们报告公司为避免今后发生同样的过失会采取怎样的解决方案。 接下来，不但要在公司内部建立相关体制，与此同时查清投诉原因，防止问题再次发生才是对策的重点（参照图 10-4 ）。

10-4　全公司开展品质改善活动

活用工具可以明确品质改善活动的思路和方针，避免浪费。

为了进行改善活动，必须做好以下几个方面：在明确思路的基础上，全体员工拥有共同的价值观；找到能够解决问题的有效工具；建立可以在日常中开展工作的体制。

对改善活动有效的各种工具

用于品质改善的工具有两种：一种是将改善活动分为 8 个环节执行的 "QC STORY"；另一种是用于解决已经被明确化的问题和课题的 "QC 方法"。"QC STORY" 的基础是 PDCA，在分析研究改善时可以在我们的大脑中形成清晰的思路，而且在汇报结果时其简明易懂的归纳方法也容易让听众理解与接受（参照图 10-6）。

循环	顺序	基本步骤	实施事项
P	1	选择主题	· 抓住问题点 · 决定主题
P	2	把握现状、设定目标	· 收集事实，决定攻击对象（特性值） · 决定目标值和实施期限
P	3	制定活动计划	· 决定实施事项 · 决定日程与职责分工
P	4	分析原因	· 调查攻击对象（特性值）的现状 · 提出并解析原因，决定对策项目
D	5	研究并实施对策	· 研究对策方案并具体化 · 决定实施对策的方法并实施
C	6	确认效果	· 检查对策的结果 · 与目标值进行比较，抓住成果
A	7	维持效果	· 标准化 · 稳定管理
A	8	遗留问题的反馈	· 反映到下一次计划中

图 10-6　QC STORY 的内容

"QC 方法"有很多形式。初学者或一般用户最适合用"QC 七大工具"。它几乎包含了所有改善活动所必需的工具，内容也可以图示方式显示，一目了然，是非常方便的工具（参照图 10-7）。

	方法	目的	应用范例	
1	层别法	具体细致地分析事物，抓住解决问题的突破口	销售额内容（畅销的和滞销的）	
2	柏拉图	掌握对问题产生影响的项目及其影响程度	ABC分析法	
3	直方图	对平均值或数据的分布情况一目了然	每个加工后的零部件的重量分布	
4	检测表	收集数据，记录事物的检查结果	作业条件与故障发生部位之间的关系	
5	特性要因图	查清并整理"问题（特性）的原因"和"可预想到的因素（要因）"，发现真正的原因	分析客户投诉原因	
6	散布图	分析两个要素之间是否有因果关系或相关关系	服务销售额与调度车辆班数之间的关系	
7	管理图	从结果数据了解工作方法是否出现异常	将零部件的平均重量控制在管理范围内	

图 10-7 七大工具

推进改善的体制

为了高效率地开展品质管理，需要公司所有部门的相互合作，以及上至以高层领导为首的管理者，下至操作员的全

体员工的参与。 高层领导要明确改善方针。 管理者要沿着
该方针制定自己部门的活动计划和改善体制。 同时各个现场
的操作人员还要组建一个称为"质量控制圈（QC Circle）"的
小组，自主地改善工作场所的重要问题。

具备品质管理的感觉

根据不同的时代要求，品质管理也在不断进化。 20 世纪
70 年代提倡以 TQC（Total Quality Control，全面质量管理）来
增强企业基础实力；90 年代前半期强调企业以 ISO 来迎接国
际化时代；90 年代后半期则要求以 TQM（Total Quality Man-
agement，全面品质经营管理）建立占据竞争优势的经营
模型。

无论在什么时代，最重要的是具备"品质管理的感觉"，
即为了在业务中有效率地发现问题并解决问题而需要具备的
感觉与才能。 品质管理的感觉具体包括：深入市场、重视事
实、重视计划、重视过程、以重点为导向、掌握 QC 方法。

10-5　ISO 是世界共通的标准

ISO 是世界共通的标准，对生产者和消费者双方都有利。

什么是 ISO

我们在大楼或宾馆等建筑的各种出入口附近会看到跑动

的绿色小人的标识。 大部分人都知道，这个标识代表"安全出口"。 安全出口的标识是 ISO（国际标准化组织）规定的全球共通的标识。 因此在紧急时刻，就算不懂当地的语言也能知道该往何处逃生。

再比如 ISO100、ISO400 等胶卷规格也是 ISO 规定的国际标准。

我们设想一下，假如不存在有关规格的国际标准，会发生什么事情？ 恐怕企业之间会引起"规格标准化"的争端，从而导致企业耽误了提高品质及降低成本等本应该专注搞好的课题。

因此可以说，ISO 是对生产者和消费者双方都有利的全世界共通的标准（参照图 10-8）。

图 10-8　ISO 的理念

ISO9001 和 ISO14001

对于制造行业而言，ISO9001（"质量管理体系"的国际化标准）和 ISO14001（"环境管理体系"的国际化标准）非常重要（参照图 10-9）。

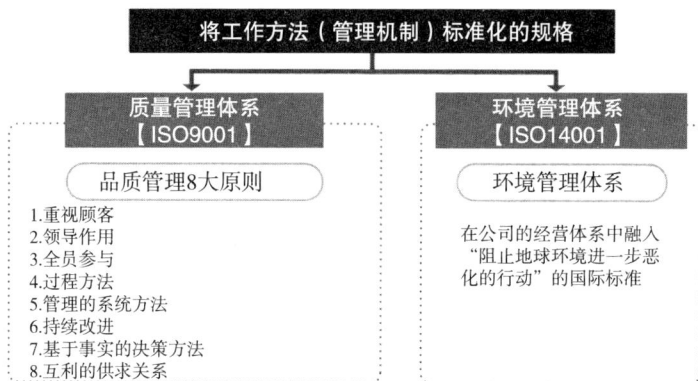

图 10-9　ISO9001 与 ISO14001

随着贸易全球化的不断发展，公司的品质管理要想获得各国合作伙伴的认可，就需要一个受到国际认可的品质管理标准。而这就是 ISO9001 的审查标准。由于 ISO9001 的存在，世界各国的企业可以在满足了审查标准的品质保证下提供受到管理的产品和服务。

ISO14001 于 1996 年制定，其目的是为了阻止由于温室效应及环境激素等影响而导致的地球环境恶化。

获取 ISO9001 认证

下面举两点制造行业在获取 ISO9001 认证时应该注意的事项。

首先最重要的是，要提高"现场的流动"和"ISO 要求事项"的一致性，建立与现场实际情况紧密相关的品质保证体系。 应该针对现场的流程和实际的应用方法是否与 ISO 所要求的事项相符合来进行逐一核查，然后以未满足要求事项的部分为中心进行修改调整。

其次要注意明确公司内的教育和训练目的，分析研究教育训练计划及内容。

在开始进行 ISO 认证获取活动时，公司内的教育与训练将发挥非常重要的作用。

通过全公司的教育，全体员工能够共享公司的经营目的及发展远景，并理解公司的发展方向。 与此同时，每一个员工将明确自己的"工作内容"和"职责"，每一个人也会更容易开展工作。

10-6 HACCP 保护食品的安全品质

食品的安全品质尤其应该进行严格的管理。

保护老百姓餐桌的系统

"食"是我们人类活下去的前提。 只要还活着，就能一直吃到安全无危害的食品——这应该是我们共同的愿望。HACCP（Hazard Analysis and Critical Control Points，危害分析关键控制点）就是以实现这一愿望为目的开发而成的，一种高度保障食品安全性的卫生管理及品质管理手法。

HACCP 的构想源于向宇航员提供太空用食品时所需的高度保证食品安全性的卫生管理手法，由美国国家航空航天局（NASA）开发而成。

该方法的基本思路如下所示。

首先在"生产原料→制造与加工→保存→发货→流通→消费"的整个过程中，对有可能产生的微生物、化学物质及异物的种类和性质进行调查与分析（Hazard Analysis，危害分析）。

根据分析结果明确了"危害"后，接下来制定生产工序的不同阶段将采取的相应措施，以确保食品的安全性，预防食物中毒的发生（Critical Control Points，关键控制点）。

下一步在所定的每个关键控制点上对程序是否正常运行（温度、酸碱性、加热时间等）进行持续监督，以保证每一种食品的安全性。

与卫生管理方法的不同

一直以来，卫生管理主要采取对最终产品抽样检测（微生物的培养检测）的方式检查食品的安全性。但这种方法不能保证所有的产品均安全。

相对于传统方法，HACCP 在所有流程中能够对有利于预防危害的关键控制点进行实时监控与记录。

通过这种做法，能够在发现异常后马上采取措施，所以对不良产品的出货可以防患于未然，保证所有产品的安全性。

七大原则和十二个步骤

引进 HACCP 体系对食品的卫生和品质进行管理时，首先要制定计划（HACCP 计划书）。 HACCP 计划书中要体现"HACCP 七大原则"（参照图 10-10）。

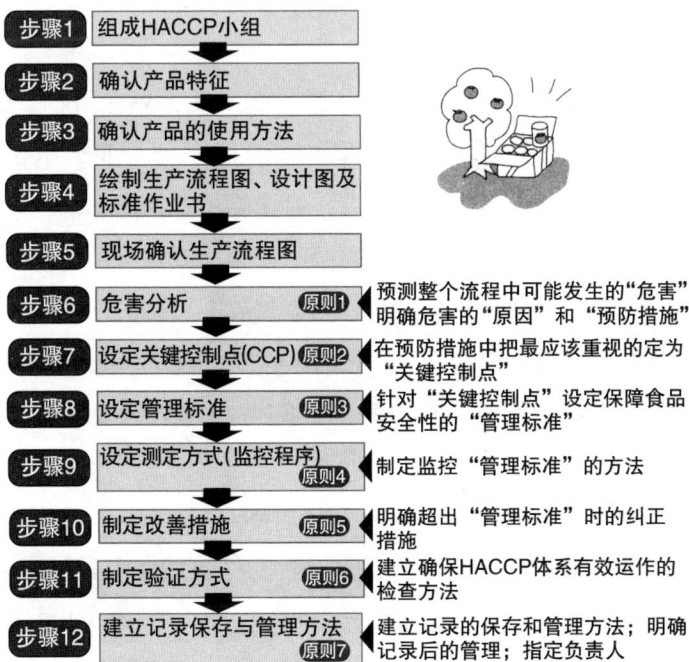

步骤1	组成HACCP小组		
步骤2	确认产品特征		
步骤3	确认产品的使用方法		
步骤4	绘制生产流程图、设计图及标准作业书		
步骤5	现场确认生产流程图		
步骤6	危害分析	原则1	预测整个流程中可能发生的"危害"明确危害的"原因"和"预防措施"
步骤7	设定关键控制点(CCP)	原则2	在预防措施中把最应该重视的定为"关键控制点"
步骤8	设定管理标准	原则3	针对"关键控制点"设定保障食品安全性的"管理标准"
步骤9	设定测定方式(监控程序)	原则4	制定监控"管理标准"的方法
步骤10	制定改善措施	原则5	明确超出"管理标准"时的纠正措施
步骤11	制定验证方式	原则6	建立确保HACCP体系有效运作的检查方法
步骤12	建立记录保存与管理方法	原则7	建立记录的保存和管理方法；明确记录后的管理；指定负责人

图 10-10　HACCP 的十二个步骤和七大原则

结合现场的实际情况，如果与"HACCP 七大原则"有较大偏离，就需要在计划书中反映出修正方法等。

然后根据 HACCP 计划书进行监控并采取纠正措施，循序渐进地进行改善与改良，最终完全达成目标。

10-7　六西格玛（6σ）管理方法

六西格玛管理方法是按照法则来管理质量偏差的机制。

什么是六西格玛

我们在街头可以看到各式各样的咖啡连锁店。 我们设想一下，如果店里提供的咖啡每次味道都不同，要么浓要么淡，或者要么酸味强要么酸味淡，会出现什么情况？

连锁店提供的咖啡每次味道都不一样，或者工厂生产的镜头厚度或尺寸每次都发生变化，在统计学里称之为"偏差"。

而六西格玛就是以消除产生偏差的原因为目的，在"永远向顾客提供品质优良、整齐划一的产品或服务"的目标下诞生的。

六西格玛是由美国的摩托罗拉（Motorola）公司发明的管理方式，目的是削减由质量缺陷导致的损失成本。 具体指制定一个将发生缺陷的机会（偏差）控制在 6σ 以内（100 万次作业里把产生缺陷的机会控制在 3~4 次以内）的目标并采取相应的措施来实现的活动。

下面为读者们举例说明六西格玛。

202

如本小节的图 10-11 所示，虽然 A 公司和 B 公司从接单到发货的平均天数相同，但可以看出 B 公司交货所花费的天数非常不稳定。

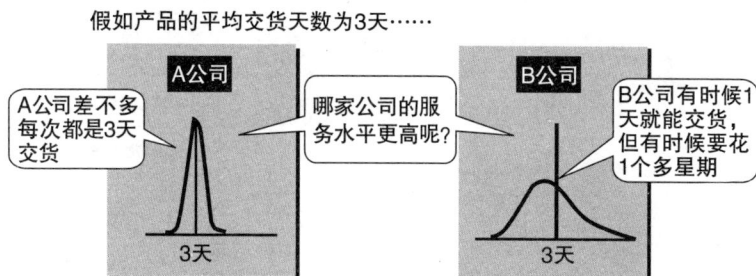

图 10-11　A 公司和 B 公司交货的偏差

站在顾客的角度，这意味着摸不清 B 公司什么时候能交货。而六西格玛方法关注的重点就是这种"偏差"。

什么是 DMAIC

六西格玛方法是按照一套称为"DMAIC"的逻辑流程开展工作的。在"D（Define：定义）→M（Measure：收集数据）→ A（Analyze：分析）→ I（Improve：改善）→ C（Control，管理）"的五个环节中，准确运用统计学分析方法及 QC 七大工具等品质管理方法的同时，来解决业务流程及管理上的各种问题。

这些具体的方法并不是由六西格玛独创而成的。六西格玛的卓越之处就在于把这些一直为人所用的工具巧妙地融入

203

DMAIC 的流程中，来解决问题。

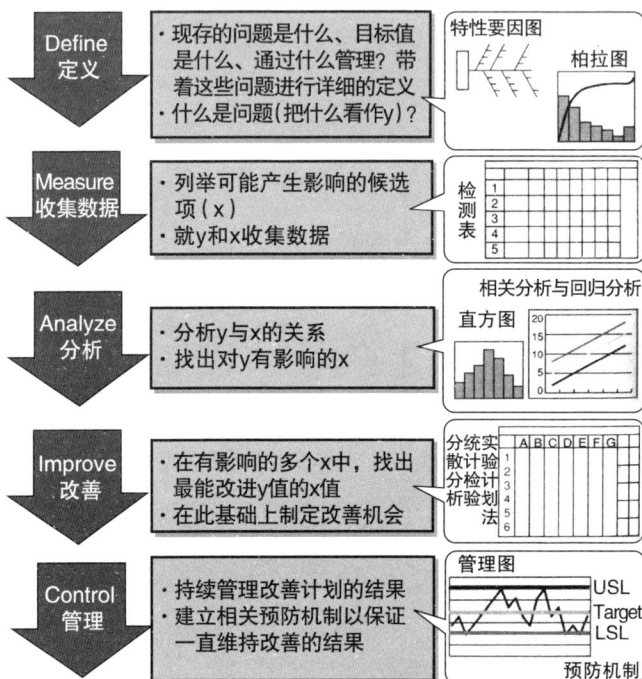

<table>
<tr><td>Define
定义</td><td>·现存的问题是什么、目标值是什么、通过什么管理？带着这些问题进行详细的定义
·什么是问题(把什么看作y)？</td><td>特性要因图
柏拉图</td></tr>
<tr><td>Measure
收集数据</td><td>·列举可能产生影响的候选项(x)
·就y和x收集数据</td><td>检测表</td></tr>
<tr><td>Analyze
分析</td><td>·分析y与x的关系
·找出对y有影响的x</td><td>相关分析与回归分析
直方图</td></tr>
<tr><td>Improve
改善</td><td>·在有影响的多个x中，找出最能改进y值的x值
·在此基础上制定改善机会</td><td>分统实散计验分检计析验划法</td></tr>
<tr><td>Control
管理</td><td>·持续管理改善计划的结果
·建立相关预防机制以保证一直维持改善的结果</td><td>管理图
USL
Target
LSL
预防机制</td></tr>
</table>

图 10-12　DMAIC 的管理内容

10-8　日本经营品质奖表彰的是什么

日本经营品质奖是为评价企业（人才、物力、资金、信息）的健康状况而颁发的奖项。

表彰的是什么

我们为了管理自己的健康状况，要定期接受综合性的健康检查,并领取检查结果(健康诊断书)。

日本经营品质奖,恰好可以比作企业的健康诊断。 因为日本经营品质奖就是对构成企业的管理资源(人才、物力、资金、信息)是否为满足顾客并树立竞争上的优势而正常运作进行评价的奖项。

什么是马尔科姆·波多里奇质量奖

日本经营品质奖基本遵循于 1987 年在美国创设的马尔科姆·波多里奇质量奖(The Malcolm Baldrige National Quality Award,简称 MB 奖)的理念。

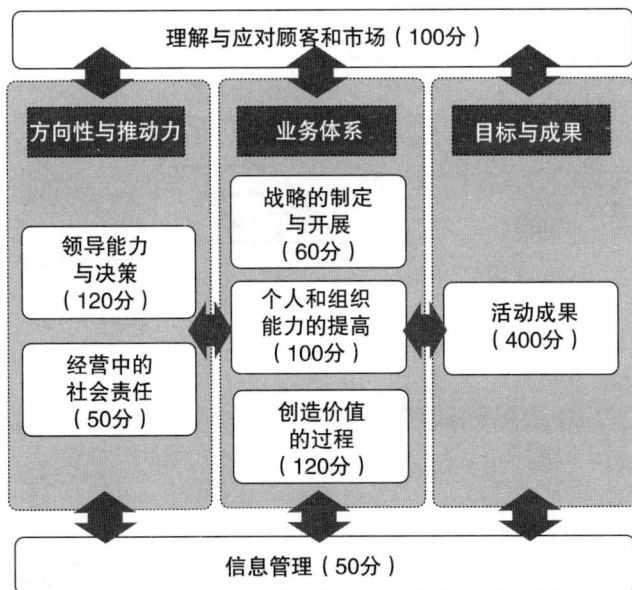

图 10-13 日本经营品质奖的框架

MB 奖由美国前总统里根为重振美国经济而设立。 在对全世界的优秀企业进行分析后，提炼出了优秀企业所共通的管理活动，诸如"站在顾客的立场上"，"吸收公司外部的优秀成分"等等。 该奖项就是以上述活动为评价标准制定而成的。

以这些评价标准为基础，众多企业不断地努力改进管理方式。 MB 奖不但为美国经济复苏立了大功，此后还被推向了全世界。 而日本也在 1995 年设立了日本经营品质奖（参照图 10-14）。

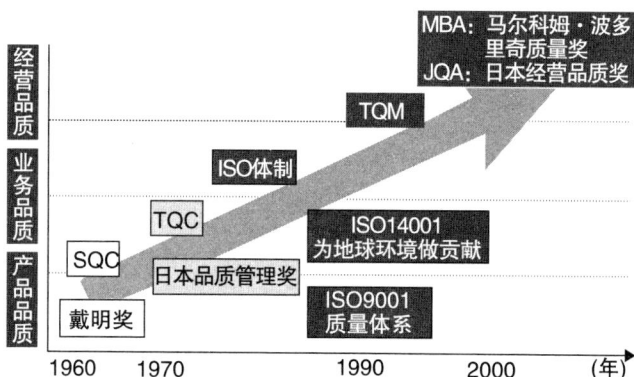

图 10-14　日本经营品质奖诞生的背景与足迹

日本经营品质奖的评价标准

日本经营品质奖根据七条理念制定而成。 这些想法在其他众多国家也都是评价管理品质的基础。

因此可以认为，这些标准是全世界"具有高质量管理水平企业"的共同特征。

206

日本经营品质奖重视的理念

①顾客评价的质量

②领导能力

③过程

④通过对话创造"智慧"

⑤速度

⑥合作关系

⑦公正公平

专栏10　美满人生的航海计划

无论是什么公司，都有一个三年或五年的长期计划。那么计划是为了什么而制定的呢？计划要设定目标，然后找到实现目标的方向并逐步制定具体的实施计划。因此可以说，计划是帮助我们实现目标的手段。

计划可以看作登山的地图或是航海时的航海图，它们发挥着相同的作用。如果把我们的人生比作航海的话，没有"人生规划"的人生就好像没有带航海图在茫茫大海中漂泊一样。

人生的航海图在商店里是买不到的。我们每一个人都必须设定目标——自己想做什么，自己将来想成为怎样的人；而每一个人都需要拥有一张不同的航海图，指引我们向着目标前进。

企业的长期计划包括销售额计划、利润计划、生产计划、设备投资计划、人员安排计划等各种各样的计划。同样，人生的航海计划也需要包括以下几种计划。

　　第一条是家庭计划，什么时候跟什么样的人结婚，组建一个怎样的家庭。

　　第二条是工作计划，即我要做什么工作。具体包括进什么样的公司，想做什么；是发挥自己的技术和特殊技能独立工作，还是创办自己的公司干一番事业等等。

　　第三条是自我教育计划，为了做自己想做的工作而学习相关知识，考取必要的资格等。

　　第四条是关于健康和兴趣的计划。人们都说健康是第一位的，而兴趣则能滋养我们的人生。

　　第五条是资产计划，因为无论是结婚、买自己的房子、教育子女、养老等，做什么都需要财力支持。

　　第六条是维系人际关系的人脉计划。人类无法一个人独自生存。人与人的关系让我们的人生丰富多彩。人不管想做什么都离不开别人的帮助，而且只有当成为一个有益于他人的人时，才称得上一个合格的人。

　　并不是说只要制定计划，万事就会一帆风顺。但是与没有带海航图就驶向人生的浩瀚海洋相比，计划会让我们驶向美满人生的航路更顺畅，让我们更接近于自己想成为的人。让我们为了自己的美满人生，制定属于自己的人生航海计划吧。

（执笔者：松林光男）

第 11 章
自动化与 IT 的应用

11-1 为什么要发展机械化和自动化

要想在竞争中获胜，必须对高效设备进行投资。

机械化与自动化的必要性

要想提高生产率，必须进行设备投资。 在制造业，提高机械化与自动化占据了设备投资的很大一部分。

不仅如此，在衡量企业的发展时，观察该企业的劳动生产率是否持续提高非常重要。 劳动生产率基本与平均每人的设备量（劳动设备率）成正比例关系。 日本制造业的劳动设备率为 1 100 万日元（约合人民币 80 万元）左右，日本工厂要想在与海外工厂的竞争中生存下去，也只有提高劳动设备率和劳动生产率。

设备投资伴随着风险。运转率低的设备或不产生附加价值的设备会带来负面效果。然而回避设备投资会导致更加糟糕的状况。所以必须在谨慎的经营决策下持续进行设备投资。

机械化与自动化的对象

机械化与自动化的对象大致可分为四个领域，分别是"加工"、"自动组装"、"原材料自动处理（物资输送）"、"管理体系"。

在加工领域，自动化的对象包括机床及电脑控制的数控机床、半导体及液晶制造装置、塑料成形机、纤维及胶片制造装置、化学装置等等。

早先的自动化是为了代替人工作业。但在上述加工领域，则可以认为是使用机器去生产人力所无法生产的东西，这点意义更大。

而且还有不少企业通过自主开发机械装置来生产其他公司模仿不了的产品。

在自动组装领域，机器人的应用（如本小节的图11-1所示）十分瞩目，而如果加工速度变快，就要使用专业的机器。

在组装领域，除了推行自动化，还可以选择把生产转移到劳务费低廉的国家。而自动化附加价值高的产品仍留在日本国内生产（这一状况在加工领域也十分显著）。

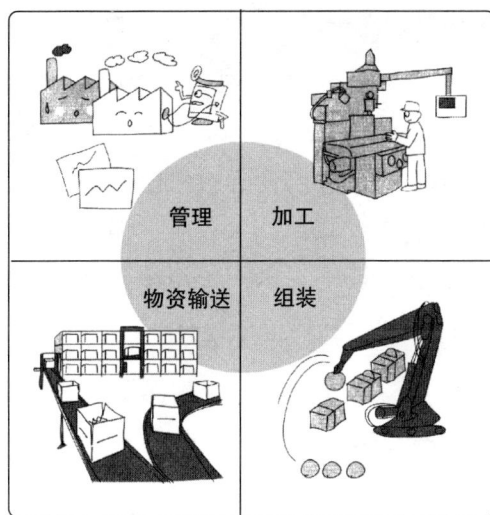

图 11-1 机械化与自动化的对象

原材料自动处理（物资输送）要用到传送带、自动仓库和自动分拣装置等。 管理体系则通过应用电脑来提高技术和管理领域的效率。

机械化与自动化的效果

自动化的目的包括削减成本、提高速度、维持质量稳定、代替进行危险作业以及制造人力所无法生产的东西等等。

削减成本的主要目的是代替劳务费的支出。 自动物资输送就是典型的例子。 因此如上所述，要与是否放在海外生产

211

进行比较衡量再选择（组装领域也是如此）。

至于提高速度，对于日产上万件的生产规模来说，运用自动化的效果更是显而易见的。 另外，使用数控机床进行 24 小时无人加工以缩短交期也是自动化提高速度的表现。

在保证质量稳定方面，首先自动化可以提高零部件的质量。 因为不符合规格的零部件会被机器人剔除，残次品的情况一目了然。 而且自动化不同于人工，加工条件是一定的，因此制成的产品的质量也稳定。 不仅如此，机器会留下加工记录，所以更容易分析产生缺陷的原因。

机械化代替人工进行危险作业的例子是涂装机器人，它可以在稀释剂弥漫的环境中进行作业。

11-2　为什么要应用 IT

在工厂的日常工作中已经离不开 IT 的使用。

在工厂里应用 IT

IT（Information Technology，信息技术）是指以计算机为中心的，包括数据库及通讯等周边功能在内的相关技术的总称。

在工厂里是如何应用 IT 的？ 例如在生产领域，应用 MRP 配置零部件和材料的工厂在处理大量数据（如进行重复计算或进行单调而大量的计算等）时已经计算机化。

此外，在与贸易伙伴交换信息、管理库存或制作简单易懂的作业指示时，计算机都能发挥重要的作用。

IT 化之所以有了很大的进步，不仅是因为计算机本身的价格降低了，网络普及和利用网络的成本的降低也是其重要原因。 而且工厂的作业员也越来越熟悉电脑的操作。

在硬件方面，不断开发出了由电脑控制的生产机器及装置，并在工厂里相继得到了应用。 比如今天，ISO 相关文件的电子化也在不断发展。 具体来说，电子票据等取代了传统的纸质文件和印章，只要满足了一定条件，就被认可为有效凭证的一部分。

这里的"一定条件"是指"无法篡改"、"可以辨别更改痕迹"、"有访问记录"等，即可以证明安全保障管理的可信度很高。

此外，政府各部门推行申请手续的电子化也起到了一定的促进作用。 例如蓝色纳税申告及缴纳法人税等都可以采用电子申请的方式。

如果没有 IT

现今，工厂对 IT 的依赖性越来越大。 甚至出现了没有计算机就无法开展生产活动的情况。

下面让我们试着想象一下，如果工厂里电脑突然无法使用了，将会发生怎样的状况。

"邮箱用不了？ 那就打电话！ 电话本呢？ 在电脑里！"

213

为出差而预约宾馆或者购买机票、车票都在网上进行，支付手续也都用电脑操作。　不仅如此，打印付款通知单或订单，计算薪酬也都离不开电脑。

可见办公室里会出现一片混乱。　那么生产现场又怎么样呢？

不仅机床由电脑控制，自动仓库的零部件的进出及传送带的控制也全由计算机进行管理。　虽然只要手头有零部件，就能勉强开始作业，但是所需零件的种类和数量、产品的种类、生产期限和产量等信息全都需要用电脑查询。　因为这些都需要利用内部网络或因特网与数据库进行对照。

怎么样，各位读者是否体会到了 IT 对工厂的重要性？

IT 今后面临的课题

简单来说，IT 的关键组成技术包括数据、处理、表达与通讯（参照图 11-3 所示）。

图 11-2　IT 的关键技术

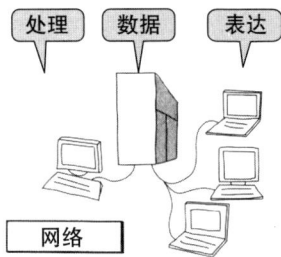

图 11-3　电脑和因特网的普及

处理是指计算机的能力。 众所周知，近十年来，电脑价格不断下降，性能不断提高。 这一趋势还会持续下去。

计算机的表达能力也从单一的黑白文字发展到可以绘制彩色图表，现在甚至可以添加声音、照片以及视频图像。 而且因特网也有了很大的发展，几乎每个家庭都用上了 100Mbp 的光纤网络。

至于 IT 的另一个组成要素——数据，唯独这一项不能坐享其成，必须由用户自己去提高它的性能。 相信终究会有一天，数据的质量将决定工厂的实力。

11-3　工厂的基干系统

掌握好 ERP 并灵活应用在公司业务上非常重要。

ERP 是什么？

ERP（Enterprise Resource Planning，企业资源计划）是以有效利用企业拥有的资源（人力、物力、资金）为主要着眼点，以提高企业整体效率为目的的经营方法或理念。

ERP 软件是运用最新的 IT 技术从企业整体上管理经营资源的工具，也就是辅助所谓基干业务的综合信息系统。 通过从接单到发货间的一连串供应链来管理产品和零部件（物资）、通过管理会计和财务会计来管理资金及现金流（资金），并通过人事管理来管理人才（人力）这一经营资源。

215

关于 ERP 软件，经常听到有人问"只应用一部分模块是否也能发挥 ERP 的功能"，答案是仅导入一部分也是可行的。

实际上，ERP 软件原本是由以 MRP 为中心的生产管理体系以及财务、会计管理业务辅助体系等为核心，在扩大功能后朝着辅助全公司业务的方向发展起来的。因此，它们分别拥有各自擅长的领域。

出于这一特点，ERP 能够对现有的体系进行部分替换。这种情况下应该注意，必须事先调查好 ERP 的擅长领域，在此基础上跟要替换的对象领域进行比较后做出选择。

但归根结底，ERP 软件的优势在于具备了对制造业的整体业务进行广泛辅助的能力，所以只应用其中一部分有可能会大大削弱 ERP 软件的优势。而且要解决数据处理界面间代码系统不同的问题，必须得进行作业的变换，所以整个系统运行速度将会变慢。

当成立新公司，或在海外设立新工厂时，很多情况下公司会不加任何调整地采用几乎全部的模块。软件包的优势就在于：与在日本国内采用一部分相比，采用全部时运行会更加顺畅。这样不但可以直接使用标准功能，而且没有变更的部分，既缩短了导入时间，又节省了劳力。

ERP 软件的特征

ERP 软件的功能首先是进行统一管理及实时处理。最近的 ERP 软件结合全球化的发展，可以支持多种形式的生产形态，支持多家公司的联合决算及显示多国语言，并能够处理多种货币。

采用 ERP 时，不但所需的业务分析方法和开发辅助工具业已完善，而且有着丰富的应用经验的 SI（System Integrator，系统集成）供应商也越来越多。 也就是说，公司无需培养开发人员或雇请相关人才，从导入到应用都能够以比较合理的费用进行委托外包。

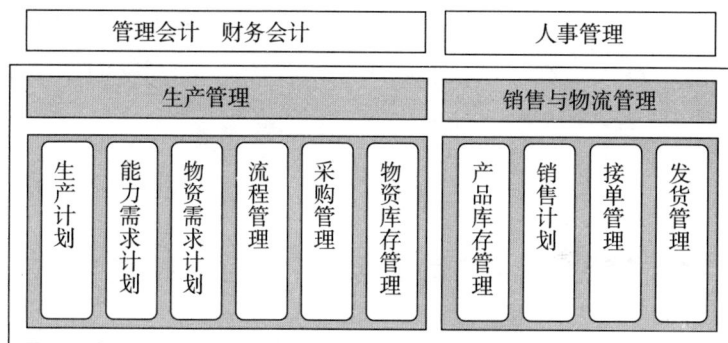

图 11-4　ERP 的覆盖范围

而且近年来很多企业提出的要求都作为标准功能添加在软件里，可以支持各种不同形式的商业模式。 因此 ERP 的标准功能被认为是行业标准和先进模式。

应用 ERP 为什么可以做到 BPR

过去在开发系统或采用软件时，让系统符合业务是项目的目标。

但是引进 ERP 系统时不必进行更改，而是让业务去符合系统具有的功能，由此实现对业务的变革。 也就是实现了所谓的 BPR（Business Process Reengineering，业务流程重组）。

应用 ERP 时需要注意几点，首先要冷静地分析公司的经营方式，看清自己的强项和弱项。 如果连自己的强项都拿去配合软件的话，有可能会导致整个业务的衰弱。 所以强项应该保留。

另一点需要注意的是，系统本身和实际操作都可以用金钱购买，然而数据资料是花钱也买不到的。 如何及时迅速地收集正确的数据，将成为今后工厂的重要课题。

11-4　辅助技术的信息系统

本小节将介绍 CAD 与 CAM、PDM 与 PLM、CAE 与 CAT。

PDM 和 PLM

PDM（Product Data Management，产品数据管理）是一个技术信息管理系统，是在设计开发业务中以协调一致的形式对有关产品的所有信息（图纸、文件、规格表、使用说明等）进行统一管理的机制。 最近几年，PDM 不断向 PLM（Product Lifecycle Management）的思维方式扩展（参照图

11-5）。

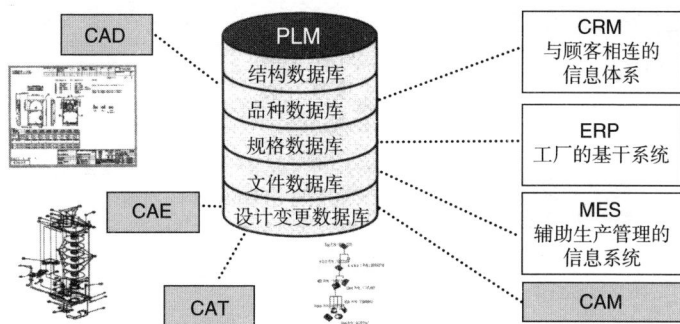

图 11-5　辅助技术的计算机系统

PLM 意为产品生命周期管理，该理念从产品的策划阶段开始，经过开发、生产、销售、维修，直到退出市场，在整个业务流程中对产品进行收益管理。 在系统上以 PDM 为核心，与 ERP 的各个子系统共享有关产品的所有信息（即产品结构、技术信息、项目管理、库存、成本信息、销售额等信息）。

与此同时，还可与以下各体系进行合作。

首先，PLM 从 CRM（Customer Relationship Management，客户关系管理）获得顾客需求并及早反映到设计中，以缩短产品开发的时间（Time to Market）。

此外，PDM 与 MES（Manufacturing Execution System，制造执行系统）的接口是双方向的，为其提供流程信息，在汇报生产实际情况的同时反馈质量信息，也易于对设计进行调整。

除了 PLM 这种管理设计信息的系统之外，利用计算机来辅助技术部门的实际作业的自动化的方式也在不断发展（参照图 11-6）。

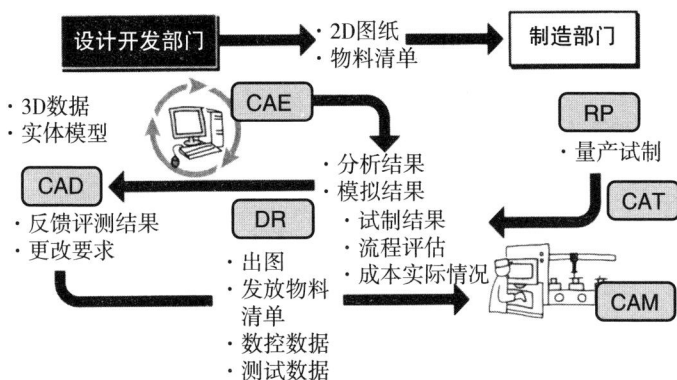

图 11-6　计算机辅助作业自动化

CAD 与 CAE

CAD（Computer Aided Design）意为计算机辅助设计，输出二维的图纸和三维的立体模型。与传统的手工绘制相比，不但操作简便，图纸信息还可以作为资料保存，而且还能实现多位设计技术人员的并行开发。

上述资料将成为以下作业辅助系统的输入信息。首先 CAE（Computer Aided Engineering，计算机辅助工程）指通过计算机辅助进行解析，用于逻辑模拟及结构分析、对于弯曲扭曲的应力分析等方面。还可应用于设计阶段对质量的调整与提高。

另一个系统是 RP（Rapid Prototyping，快速成型），在早期阶段制造与实物大小相等的模型，并应用于辅助营销活动。 RP 可以灵活运用三维的 CAD 在短时间内制作立体模型等，所以也越来越被应用于测评产品。

CAM 与 CAT

CAM（Computer Aided Manufacturing，计算机辅助制造）指通过电脑辅助制造活动的自动化，可以自动生成 NC（Numerical Control，数控）数据、机器人用程序及参数等。

CAT（Computer Aided Testing）指计算机辅助测试，与 CAE 相结合生成测试数据，进行自动测试并分析结果。

11-5 辅助生产管理的信息系统

相对于计划类型的系统，MES 的特点是辅助实际作业。

MES 的功能

MES（Manufacturing Execution System，制造执行系统）不同于 MRP 等计划类型的系统，是辅助生产现场实际作业的执行类系统。

在工厂的整个系统中，MES 的位置介于 ERP 及 SCM 等基干类系统和管理生产设备及状态的控制类系统之间。

221

MES 实时下达作业指示并采集作业实绩，实现计划和执行的无缝式结合（参照图 11-7）。

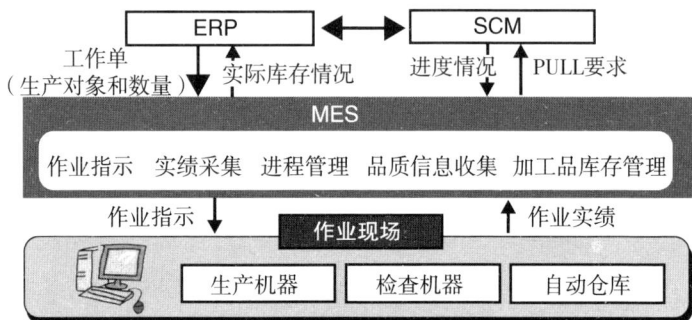

图 11-7　流程管理系统的定位

MES 被称为流程管理系统，大体由以下五个功能构成（参照图 11-8）。

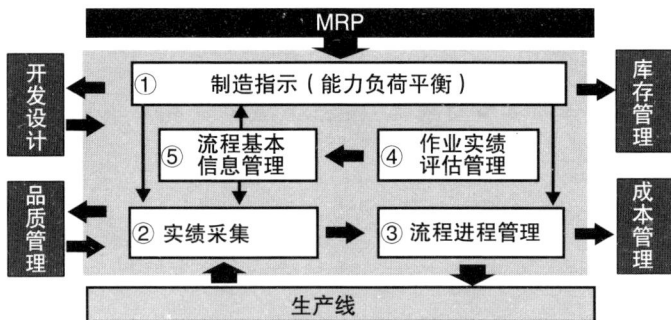

图 11-8　流程管理系统的功能

图 11-8 中①制造指示（调度）是指在 MRP 及产品生产指示等小型日程计划的基础上，就跟前的计划单向各个工序

和装置下达生产开始日期的指示。 然后通过②实绩采集，在根据上述指示进行的生产活动结束时，及时汇报活动的结束状况以及零部件的使用状况。

在③流程的进程管理中，主要是接受生产指示的工作单，比较预定计划和实际情况，按期执行作业。 对不同工序和不同产品的作业进度的实绩与原定计划间的差异进行评测，当存在差距时应明确其根本原因，研究改善措施。

④作业实绩评估管理将把上述结果反映到基本信息中。

在⑤流程基本信息管理中，根据评估实绩重新研究流程的作业顺序及标准时间等项目，并更新为实际的数值。

生产指示特别重要

当制作工作单并对各个工序下达生产指示时，必须考虑到现在的作业状况和工序的能力，下达可执行、无浪费的指示。

上述行为就是能力需求计划（CRP，Capacity Requirement Planning）。 CRP 也称为"能力负荷平衡"，由以下四个步骤构成。

①将由 MRP 得出的计划单展开并分配给各个工序的作业，确认是否能遵守交期。

②将每道工序堆积的负荷制作成各流程负荷表。 这个环节称为堆积负荷，假设能力无限，对所有产品进行堆积。 对整个流程的管理要分轻重，从整个流程中选出瓶颈工序，进

行重点管理。

③超出工序能力的部分调整到别的日子。 为了保证交期，原则上要向前顺排。

④当调整负荷的对象是机械或设备时，有时依据的是极限能力，而不是标准能力。 如果仍不能安排所有负荷，就需要考虑加班、休息日上班、或请其他部门支援协助等方式，确定最终指示。

如果把工厂定位为专门负责生产制造的基地，MES 就是工厂的基干系统。

如果计划类系统在总公司工厂运行，而其他各工厂仅运行执行类系统（例如工厂设在海外等情况）时，一定要保证即使在与计划类系统切断了联系的情况下，也能持续至少一个星期的作业。

11-6　自动化与信息系统

本小节将介绍制造现场的 IT 种类。

工厂自动化离不开 IT

工厂有各种不同的自动化机器。 首先包括自动进行生产作业的各类机器，例如负责组装或涂装产品的机器，以及给基板打孔的自动钻孔机等等。 除此之外还包括移动产品和零部件的自动搬运机和传送带，以及搬运重物用的大型起重机，自动对产品进行检测的机器等等。

人工作业时，人员之间可以用眼睛或耳朵确认，或者相互传话交流，使前后工序运行得井井有条。 但是机械之间做不到这点。

计算机及计算机的相关技术是通过使用网络等对整个工厂的自动化机器进行管理的。 计算机管理的机制非常复杂，下面仅以代表性的模型为例进行说明。 计算机管理的功能大体由五个方面构成。

第一项功能是统一管理全工场的功能，叫做 MES。 流程管理系统就具有这一功能，对计划（生产对象、生产时间、生产数量、生产场所）和实绩（计划的实际实施状况）进行管理。 并且 MES 还通过网络对各台机器发送预定的作业指示。

其余的四项功能编排在自动化机器里（参照图 11-9 所示）。

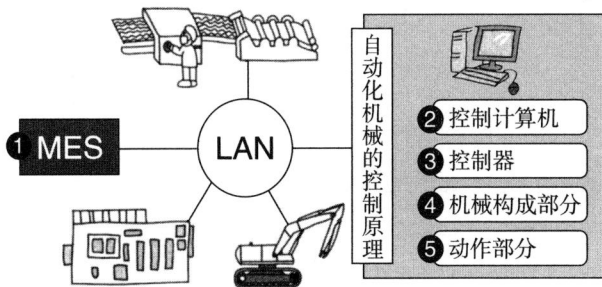

图 11-9 自动化机器的五项功能

首先是动作部分，指抓住物体或打孔等功能。

回旋动作通过步进电机等完成，直线动作通过液压机等进行。

而控制器则对动作部分及机械构成部分下达详细的作业指示（例如旋转角度、旋转速度等）。 控制器包括时序器或PLC（Programmable Logic Controller，可编辑逻辑控制器），控制自动化机器固有的动作。

上述技术叫做机械电子学（Mechatronics）。 顾名思义，是把机械学（Mechanics）和电子学（Electronics）组合在一起形成的新词。

交给控制器的数据包括需要抓住零件、钻孔、切削等等，都是有关工作要求的数据。 而把这些要求转换为数据的是更上一级的控制计算机。

当一个作业结束后，或发生异常时，控制计算机将对下一步做什么进行准确的判断，并把必要的数据传送给控制器。 此外，通过网络把工作结果反馈给 MES 也是控制计算机的任务。

控制计算机虽然是电脑的一种，但并不仅包括笔记本式或台式电脑。 也可能作为自动化设备的一部分，分别添加了CPU、存储设备或输入输出装置等。

通过网络联合作业

各台计算机通过网络进行对话合作。 比如为了让自动搬运机把零部件或产品准确交给机器人，各台机器上的计算机之间要进行信息交换，以实现作业同步化（点对点通信）。

在测试工序中，计算机上的测试程序会判断是否合格，并通过网络把检测结果送给服务器，储存进数据库里（客户/服务器通信）。

这些检测结果作为品质管理的资料，应用于调整流程设计或作业顺序，以及零部件的质量分析等各方面（参照图11-10）。

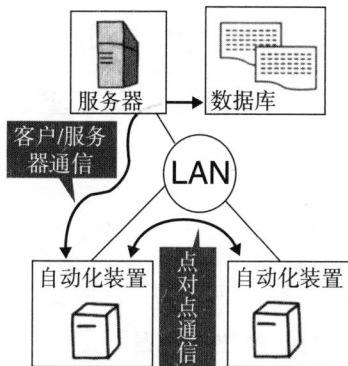

图 11-10　两种通信方式

11-7　连接顾客的信息系统

本小节将介绍 CRM 和电子商务的机制。

CRM 用于应对顾客和市场动向

CRM（Customer Relationship Management）被译为客户关

系管理。 如果说 SCM 是站在供应者的角度处理物品与信息的流动的机制，那么 CRM 则是用于对顾客和市场动向迅速做出反应的机制。

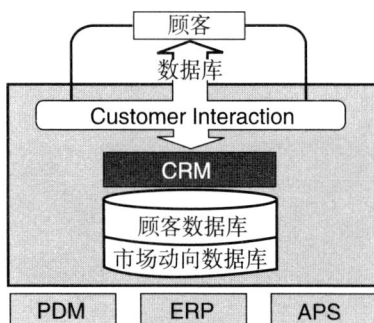

图 11-11　CRM 的机制

CRM 的理念认为尽力与顾客进行畅通无阻的对话，并提供给顾客满意的产品或服务是最为重要的。

下面将顾客分为一般性消费者和企业，分别进行说明。

B2C 的机制

B2C（Business to Customer，商家对顾客）是直接连接企业和消费者的电子商务。 仅在日本，例如使用网上书店、电子购物、利用手机进行的电子票务等，B2C 的市场，规模已经超过了 4 兆日元（约合 2900 万元人民币，2003 年统计）。

制造业的 B2C 最典型的代表是电脑销售。 商家根据顾客制定的规格制造电脑并送货上门。 可以说这一方式符合了当今这个重视"个别顾客"的时代。

除了电脑商家，生产土特产品或个性商品（例如食品或家具等）的生产商为了扩大对顾客的影响，也越来越多地采用这种手段。

除电子商务之外，呼叫中心是连接顾客与企业的重要窗口。 通过客户投诉等可以了解消费者的需求，对改进产品和服务也起到了重要作用。 而且如果与 CRM 的顾客信息相结合，就能在接待"个别顾客"上发挥效果。 相信只要给保险公司或电力公司等打过电话的人都能体会得到。 此外，制造业中生产健康食品的商家也在不断增加接待"个别顾客"的比重。

B2B 的机制

下面将介绍 B2B（Business to Business，企业对企业）的机制。

一直以来，企业间虽然也通过 EDI（Electronic Data Interchange，电子数据交换）实现发单接单的电子化，但由于协议及数据格式的标准化没有进展，所以仅限于一部分大金额的持续的特定交易。

随着因特网的普及，一种称为 EC（Electronic Commerce）的信息交换环境得到了日益完善，几乎在所有企业之间都可以通过网络进行数据交换。

EC 又被称为电子商务，有时也指电子商店或网上拍卖。

在制造行业，EC 作为对所有业务流程的信息进行电子化，并通过网络使各自的系统相互合作的工具应用起来。

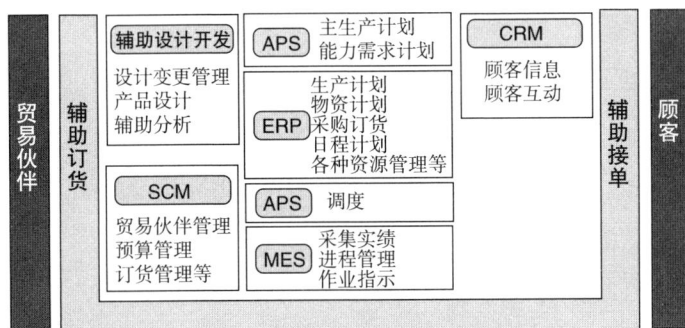

图 11-12　电子商务的定位

EC 的应用，正一步步使从市场调查到发单接单、生产（商流）、再到交货（物流）、金融结算（金流）的整个流程都能以电子方式进行处理。 将与不同顾客的联系所取得的一系列信息存入顾客数据库，可以用来分析顾客的潜在需求，提高交易的便利性，还可以提高顾客的满意度。

通过把新顾客发展为常客，并把老顾客"拴住"，使其成为更高一级的特定顾客，可以达到增加收益率的效果。

EC 使交易形态的多样化、不同行业间的信息交换及虚拟公司的实现等都成为了可能，可以预想到今后将会出现各种各样的商业流程的创新。

11-8 联系贸易伙伴的信息系统

通过 EDI、SCM 连接所有的信息。

SCM 中的顾客至上

SCM（Supply Chain Management，供应链管理）是供给链锁的管理。 具体指运用最新的 IT 技术创造一个机制，以满足用最快速度抓住市场需求并传达给生产部门，再由生产部门传达给零部件供应商，在尽量短时间内满足市场的需求的目的。

本小节图 11-13 所示的 SCM 模型中，"销售与物流"意为满足 FULFILL（履行义务）的要求。 同时，"资源筹措"用 REPLENISH 表示，翻译为"补充"。

在企业间的供应链中，FULFILL 与顾客（即后续企业）的 REPLENISH 挂钩，但传统的基于顾客的指示或要求进行补充的方式很耽误时间。

而 SCM 所主张的以顾客为导向是指事先完善出一个以信息共享取代信息传递的体制，通过这一体制，自己主动判断后续企业需要什么并做好准备，满足其要求。

SCM 里后道工序永远是顾客。"只要向前做好工作，就会有人从背后助推一把"——这种以顾客为导向的"连锁"正是供应链管理的基本。

只有共同拥有这种理念，成员之间相互建立信任关系，

231

形成的 SCM 集团才能发挥优势。

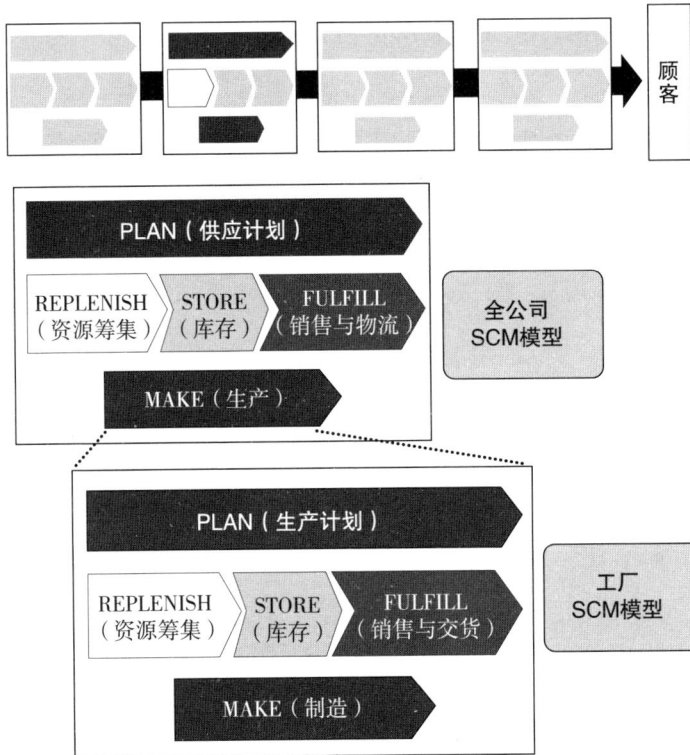

图 11-13　SCM 流程模型

　　但是，如果只有其中一部分企业能够获得利益，那么上述关系将不会成立。 集团内的各个企业必须相互平等对待，形成能够分别获取利益的双赢的交易关系。

　　过去，企业间的协作一直仅限于资本纵向关联的企业之间或企业集团内部。 而最近，即便在集团内或者企业内，求

生存的竞争越来越激烈，与此同时，还出现了过去无法想象
到的与竞争对手企业之间的交易。

何况在当今，无论是市场或是生产基地都日益国际化，
企业明确自己的存在价值，选择自己应该属于哪个 SCM 成为
至关重要的课题。 相互独立的企业之间形成牢固的合作伙伴
关系，其必要性正在于此。

SCM 中 IT 化非常重要

在 SCM 里另一个要点是完善共享信息的 IT 环境。 EDI
（电子数据交换）是指对商务交易的相关信息进行标准化和
电子化，并在相互之间交换。 运用 EDI 需要使用专用线路和
专用软件，所以几乎不可能与所有的交易伙伴实现电子数据
交换。

那么，多个企业之间怎样才能做到在同一时间共享信息
呢？ 最近的趋势是经由因特网使用网络浏览器，而且最近使
用 EML（Extensible Markup Language，可扩展标记语言）在基
干系统之间直接进行数据交换的技术和国际标准被不断开发
出来。

然而最重要的是以顾客为导向的"链锁"、牢固的合作伙
伴关系以及先进的 IT 技术的运用，并不是看板、VMI（Vendor
Managed Inventory，供应商管理的库存）或 EDI。 可以说，
SCM 集团之间的竞争也将成为今后的一个重要课题。

专栏 11　大学里的 FD 和品质管理

最近在日本的各个大学，随处可以听到 FD（Faculty Development）这个字眼。直接翻译过来，是指"本科教授队伍的发展"，具体是指以"全体教员进行课堂改进，提高学生的满意程度"为目的的尝试。一直以来，不少人批判大学只重视研究，忽视了教学质量和学生的满意程度。提倡 FD 则可以说是对上述批判做出的反应。

过去的日本产业，特别是战后的制造行业在很早以前就引进了以 TQC 及 TQM 为典型代表的品质管理思想。一直以来，日本企业通过运转 PDCA 循环，时刻将顾客的声音反馈给开发和生产，改善产品功能和质量来提高顾客的满意程度。

这样做的结果造就了 20 世纪 80 年代人们所传颂的"日本式奇迹"，今天的丰田公司就是其代表。

然而日本在制造业之外的领域，品质管理的理念还远远没有充分传播开来。特别是在大学，一直有个根深蒂固的观念，认为"品质管理"的概念根本就不适合大学。

但是，事实果真如此吗？

所谓研究，本来就是出于理解自然界或社会的目的而提出假说，通过反复的实验或观察，评价结果并不断对假说加以修正——可以说这恰恰就是一个 PDCA 循环。

而且现在成为焦点问题的课堂教学和教育也是一个有学生作为对象才能成立的反馈环节。至于争论把学生比作顾客是否妥当，根本就不是问题的核心。改进教学内容并不意味着迎合学生，而是利用他们的意见感想、理解程度、心情上的反应等等，不断调整改进教师自己的说话语调和肢体语言等等。

也有意见认为这么做会导致教学内容和方法千篇一律，这种观点是错误的。正相反，获得学生的理解和支持，能让每个教师的独到理论、思想和方法更加鲜明，教师的个性也才能充分展现出来。

笔者衷心希望大学的改革能够学习制造业的实践，从品质管理的角度对大学授课进行不断改进。

（执笔者：太田原准）

第 12 章
工厂开拓的未来

12-1　工厂周围状况的变化

如果公司的运营方式一成不变，迟早会被淘汰。

制造业职责的演变

无论什么时候，当人们提到"制造业"时，总要用一句"动荡时代"作为铺垫。在变革的大潮中，既有完成了使命的工厂，也有新诞生的工厂。还有很多工厂虽然外表没变，但内部所做的工作却发生了巨大的变化。

日本的制造业突破了一波又一波的变革浪潮，确立了"制造"强国的地位。

本小节的图 12-1 整理出了近年来威胁日本制造业的各种

变革浪潮。 笔者采访了一些制造行业公司的总经理，将他们的发言进行了归纳和总结，即图 12-1 中的措施部分。

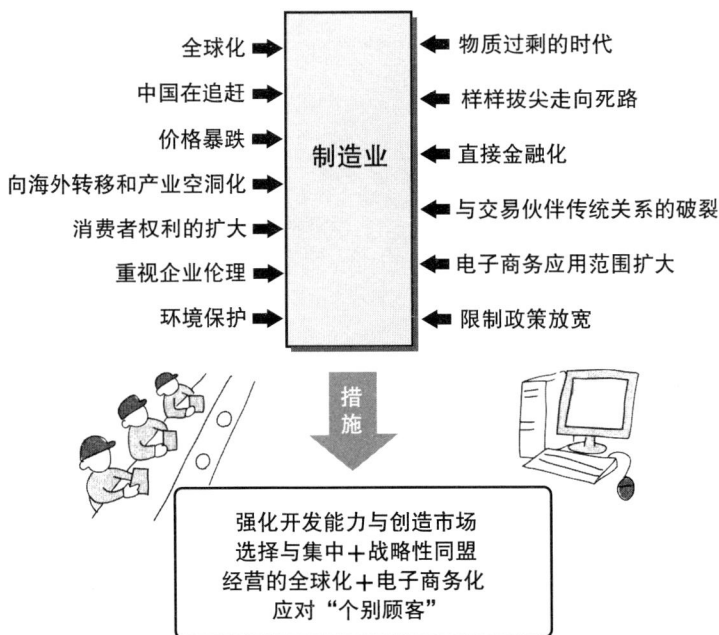

图 12-1　制造业面临改革

今天，全球化的字眼已经不再新鲜，但全球化的本质却不同于以往。 现在制造业面临的课题是提高管理能力，以世界市场为对象做好全球化经营。

随着因特网的发展，无论是消费者获得的信息还是他们的话语权都较以往有了质的飞跃。 所以建立一个好的工作机制，不依靠蒙混过关或偷工减料、保证顾客放心越来越重要。

作为前提，企业必须用心恪守企业伦理，即保持高度伦理道德，遵守并正确运用规则。 与此同时，获取 ISO14001 认证，提高环境保障能力也非常重要。

商品过剩时代的事业发展

在今天这个商品过剩的时代，消费者们只肯为符合自己爱好的东西花钱，以大量生产与大量消费为前提构建的生产方式行不通了。 必须建立新的生产体制以细致地应对每一个顾客的需求。

对于各个企业而言，开展业务时越来越难做到样样拔尖。 因为想要样样拔尖的企业会被采取"选择与集中"战略的企业一点点打垮。 所有企业必须看清自己的战略领域，集中经营资源。 对于自己公司决意不做的领域，应该与擅长该领域的企业建立战略性同盟关系。

直接金融化也在促进这一变化的发展。 在以间接金融（从银行贷款）为主体的以往，即使利润率低，经营也勉强过得去。 然而随着银行力量的减弱，公司要在债券市场或股票市场进行直接筹资，像以往那样的低利润率的话，企业的经营就维持不下去。 所以企业不得不丢掉样样拔尖的作风，把经营资源集中到资本利润率高的事业中。 选择交易伙伴时更要遵循实力至上。

改变商务形态、抓住良机

商务交易的电子化也是需要时刻保持关注的领域。 通过

239

"选择与集中"，把物流、IT、福利保健及薪酬计算等进行委托外包的话，最理想的是外包公司能够像自己公司的一个部门一样发挥职能作用。 构成 SCM 的企业之间也是如此。 而此时连接企业和企业的就是电子商务交易，以及通过电子商务交易实现的两者的系统合作。

与此同时，限制政策的放宽也带来了新的商机。 以手机市场为例，自从允许用户完全持有"通话器"的制度实施后，市场扩大到了今天的地步，甚至还产生了波动效果。

12-2　亚洲的制造业和日本的制造业

日本和其他亚洲各国如何划分生存区域、相互发展是一个重要的课题。

自从 20 世纪 90 年代后期起，亚洲的制造业发展迅速，发生了翻天覆地的变化。 例如有人说，只要日本能制造，中国就能制造。

在日本国内，越来越多的人对于将制造业的传统继承下去以及空洞化等问题十分担忧。 这是因为日本的工厂有的转移到亚洲其他国家，有的在价格竞争中败下阵来，关门大吉。

而另一方面，我们作为消费者享受到了亚洲制造的产品价格低廉的实惠。 以优衣库的产品为典型代表，在亚洲其他国家生产的价格便宜质量又好的商品摆满了日本商店的货

架。 这不由让人切实感受到了经济学自由贸易理论所主张的
"如果两国间可以进行自由贸易，那么会比不进行自由贸易
更能增加两国的财富"。

对于日本与亚洲的关系，为便于理解，可以分成四种
情况。

本小节的表 12-1 根据某企业制造产品的场所和销售产品
的场所为标准，进行了四种情况的分类。

表 12-1　市场与生产基地的组合

		市场	
		日本	亚洲各国
生产基地	日本	A 类型	B 类型
	亚洲各国	C 类型	D 类型

A 类型指在日本生产，在日本销售的企业。 D 类型指在
亚洲其他国家生产，在亚洲销售的企业。

被亚洲企业所威胁的领域

在以上四种类型的企业里，出现问题的是 A 类型企业，
他们面临着与亚洲企业和 C 类型企业带入日本市场的低价格
商品的竞争。 纤维类服装及日用品杂货就是其典型代表。

金属铸模业也属于此列。 随便拆开身边的某件产品就可
以知道，大多数零部件的形状是为该产品而专门设计的。 例
外的恐怕只有螺丝一类的东西了。

241

为了生产特殊形状的物品，需要利用金属铸模。 也就是说，要制造新产品就需要铸模，一直以来金属铸模产业支撑着日本制造业的发展。

随着日本工厂向海外的转移，金属铸模技术也流向了外国。 在亚洲其他国家，只要用在日本花费的一半价钱就可以做出铸模。 人们担心长此以往，作为日本产业基础的金属铸模产业将荒废衰退。

A 类型企业如果还继续生产与进口产品相同的东西，恐怕会很难脱离困境。 要想存活下去，要么拥有其他人模仿不了的高端的技术和产品，要么通过高层次的顾客服务与竞争对手拉开差距。

B 类型是在日本生产，到亚洲各国销售的公司。 这一部分领域是比较有活力的。 例如伴随着中国经济的发展，需要进口机床和各种零部件。 而且个体消费者也开始购买高档商品，所以中国成为了一个很有前景的消费市场。

这一领域的关键也是技术实力。 B 类型企业立足的前提就是能制造出别人生产不出来的高级产品。 如果没有技术实力，将会在与亚洲各国的竞争或与 D 类型企业的竞争中受到压制。

站在国家收支角度看，B 类型企业的地位非常重要。 因为正是有了 B 类型企业，通过出口赚到的外汇，才有能力进口能源及食品等。

寄期望于在亚洲其他国家进行生产的领域

C 类型企业的代表应该是优衣库。 实际上现在日本人日常使用的大多数商品都是由这一类型的企业提供的。

对于该类型企业而言，亚洲制造业的发展反而是一个机遇，几乎没有人将其看成威胁。 在亚洲其他国家，能以低价购买到占据成本大部分的原材料，所以在亚洲其他国家进行生产非常有利。

D 类型企业也是人们寄托期望的领域。 锁定巨大的亚洲市场，以当地生产和当地销售为目标的势头越来越活跃。 摩托车和汽车就是其典型代表。

在此顺便提一下，万宝至马达（Mabuchi Motor）及美蓓亚（Minebea）等企业，虽然没有限定于本小节所讨论的日本与亚洲的关系中，但他们以外国生产为主体，在全球市场占有很大份额，可以归为 C 类型或 D 类型。 另外，优衣库也已经打入了世界市场。

无论是上述哪一种类型的企业，都面临着与在全球市场中不断成长的亚洲企业展开竞争的局面。 所以必须加速提高产品和技术的水平。

日本国内的市场虽然已经成熟，但还没有填满。 考虑到1.2 亿的人口总数和较高的收入水平，对高层次服务的需求还非常大。 A 类型企业迫切需要做到的就是提高产品的水平和推进服务的高层次化。

243

12-3 环境与安全的品质标准

要成为一个环境良好、让消费者放心的工厂，必须重视 ISO 和 HACCP。

针对环境的国际标准

佳能（CANON）集团有一个环境宪章，这份宪章在我们一般所说的 QCD 的前面加了一个代表环境的 E（Environment），组成了 EQCD。 EQCD 的理念是这样的：

E　保证不了环境就没有资格制造东西；

Q　质量不好就没有资格卖东西；

C·D　做不好成本和交期就没有资格参加竞争。

而且在筹集原材料时，佳能明确提出了绿色采购标准，规定绝对不从没有达到标准的公司购买产品。

拥有类似理念的企业越来越多，在环境管理方面拥有 ISO14001 的一系列标准。 越来越多的企业在采购物资时，把供应商已取得 ISO14001 认证作为其投标的资格。

ISO14001 体系的目的是让企业把加大环境保护力度作为一个管理环节融入企业本身。 也就是说，该资格认证是检验公司领导们有没有在环境问题上花费精力。 因此可以看出，证明不了环保态度的企业就没有资格投标的想法已经深入众多企业的理念之中。

制造业对环境产生的负担远远超出我们的想象。 甚至曾

244

经有一个以某炼钢厂为依托的城镇，竟然把"七彩烟飘舞"
的污染场景作为荣耀写进市歌里，这在今天简直是无法想
象的。

追本溯源，公司这一组织形态之所以被人们认可，正是
因为其有利于提高社会的富足程度。 如果公司对环境产生不
利影响，就失去了其存在的意义。 这正如佳能 EQCD 理念所
提倡的，"保证不了环境就没有资格制造东西"。

本田公司提出了建设"绿色工厂"的目标，举出了四项
需要大力解决的课题：零排放（不产生废弃物、净化排水与
排气）、节约资源、环境管理（ISO14001）、舒适的生活与活
动（绿化活动等）。

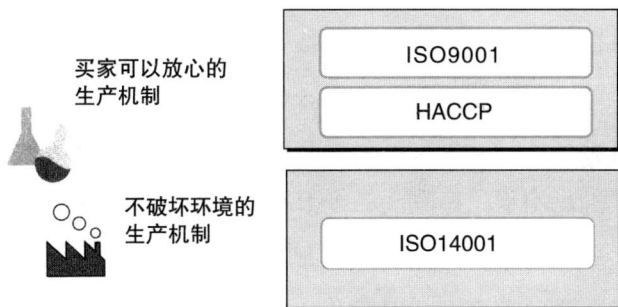

买家可以放心的
生产机制

ISO9001

HACCP

不破坏环境的
生产机制

ISO14001

图 12-2　ISO 和 HACCP 的意义

制造业和工厂为了持续开展业务，必须作为一个优秀的
企业市民获得大家的认可。 从事不破坏环境的生产活动，将
成为日益重要的课题。

245

保护食品安全的 HACCP

由于残留农药的问题及食品行业的各种丑闻，消费者对食品安全越来越担忧，不知道应该吃什么才安全。 而且，越来越多的人认为，只要是能够信任的公司生产的商品，就算价格稍微高一点也可以接受。 可见一个公司必须做到为消费者所信任、让消费者放心。

HACCP（危害分析关键控制点）就是从上述观点出发的一种管理食品卫生的方法（请参考第 10 章第 6 小节）。 在欧洲已规定，只允许进口已取得 HACCP 认证的工厂所生产的食品。 曾经一段时间，日本的水产加工品由于不符合 HACCP 标准而遭到拒绝，引起全国一片哗然。

HACCP 不仅在产品发货时需要检查，在整个生产过程中都要进行监控，监察产品是否按正确的方法生产。 而且还要留下记录，保证可追踪性（Traceability）。

笔者在访问某家食品公司时，发现该公司有两种工厂。

一种是用于出口欧洲的经 HACCP 认证的工厂，干净得就像进了手术室。 人员进出管理得也十分严格，工作人员们的动作也都充分考虑到了卫生。

而该公司的另一种工厂生产制造的是面向日本国内的产品，工厂是古老的木质建筑，门窗大开，器具黑乎乎的沾满了油渍。 如此环境下生产的食品竟然也允许进口或流通，可以说日本对食品安全的意识还处于很低的水平。

企业不背叛消费者的信任，积极从事销售放心的生产活

246

动，对于今后的制造业是非常重要的。

12-4 工厂今后的职责

工厂的知识化和软件化将越来越重要。

工厂的"形式"

在过去，电脑不过是几万个零部件和线缆"堆起来"的。 工厂将几万个零部件采购进来后分发给生产现场，工人们进行准确无误的组装和接线，用尽各种检查方法保证没有一处零部件异常、没有一处接触不良、没有一处接线失误——这就是电脑的生产流程。 过去，从开始组装到测试结束要花费将近一个月的时间，并需要很多人参与流程的工作。

然而今天，比如戴尔电脑，通过在线方式接受顾客订单，在中国生产，第 4 天就能送货上门。 组装只要几分钟就能完成，过去因为流程众多所花费的大量人力都不需要了。

大概在 40 年前，一篇以名字叫 "Nematic Crystal" 的以液体为主题的论文成为了人们热议的话题。 笔者也曾跟几个好朋友一起，针对那篇论文做过后续实验。 现在想起来，那种液体就是"液晶"。 当时笔者怎么也没有想到，烧杯里的那种液体竟然能用在显示装置上。

然而今天，从事液晶相关工作的人多得不计其数。

247

可见企业的兴衰变化是激烈动荡的。

制造业的"软件"化

那么，今后的变化有哪些征兆呢？

首先，制造业将朝着软件化和第三产业化的方向发展。随着产品的生命周期缩短以及零部件个数的减少，竞争力不再取决于组装技术，而是越来越依靠产品的设计。

也就是说，出现了制造业的中心向设计这一"软件"方面转移的趋势。甚至有人这样比喻："生产现场就好像一台复印机，把设计复印到东西上。"

现场的智慧也越来越程序化，如果加以吸收采纳，将具有服务产业的性质。金属铸模设计的智慧融入了软件，设计中蕴含了传统工匠的技艺，并通过自动机床"复印"到铸模上。在这里，工作的本质也发生了变化，从切削铸模转移到设计铸模上。

制造业的服务产业化

其次，工厂的职责将日益向贴近消费者的方向转移。因为由备货型生产向订货型生产转移的趋势会越来越强。也就是说，在 SCM 的流动过程中，工厂应该与顾客形成更加紧密的关系，并一步步把自己的职责转变为一个量体裁衣的"裁缝"，为顾客提供他们想要的服务。

制造业诞生了各种各样的专业的服务行业，也有人期待

248

这些新兴行业在第三产业中能成为具有高附加值的服务。 这可以看作是现今的制造行业在未来的一部分面貌。 据说在美国，这一领域的规模已经超过了 200 万人。 按照日本与美国的人口比例来计算，日本的规模虽说只有美国的一半，但也是个相当巨大的数字。

除此之外，还有很多人看重制造业的品牌化。 比如即使在今天经济不景气的日本，位于银座（日本东京的代表性地区，以高级的购物商店而闻名）的奢侈品商店依然生机勃勃。

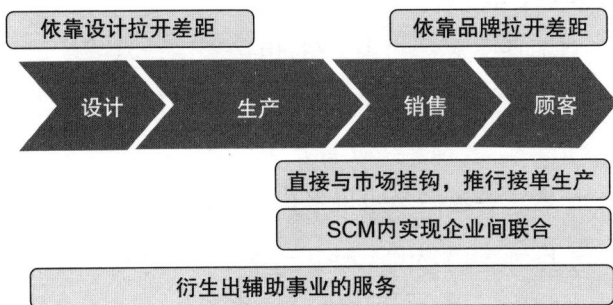

图 12-3 工厂的技术及信息的软件化

相对于产品的 QCD，很多人更认可品牌的价值。 如果说制造业的目标是通过提供物品带给人们精神上的满足，那么也应该把给予顾客高度的精神满足作为另一个目标。

如果把视点转向生产机制，早晚有一天，制造业的职能将会转变为企业间网络中的一个节点（Node）。 SCM 想要实现的目标，就是让不同的企业能够像同一家公司内的各个部门一样相互协作。

今后的制造业必须具备应对上述变化趋势的能力。 要做到这一点，必须提高管理技术和 IT 技术。 无论怎样，制造业都会朝知识化和软件化的方向前进。

12-5　今后工厂所需技术的开发

只有不断开发技术，追求新东西，才能为工厂开拓未来。

制造与技术

制造离不开技术。 工厂同时也是累积技术，传承技术的场所。 而且工厂还肩负创造新技术，让我们的生活更方便、更舒适的责任。

当工厂有了"绝招"，能制造出别人制造不出来的东西，这时候的工厂才是最强的。 相反，只生产别人也能制造得出来的东西的工厂，将面临严酷的成本竞争。

日本的一部分制造业不得不在困境中奋战，就是因为在中国和其他亚洲各国也能生产出同样的产品。 同时对于过分轻易地转移技术也需要好好反省。

很久以前在威尼斯，制造玻璃的工匠们被关在穆拉诺岛（Murano）上不得自由。 这么做是为了守住制造方法的秘密。 然而最终制造玻璃的技术还是泄露了出去。 所以说到底，正确的做法是不断开发出新的自主技术。

250

作为一个发达国家，开发只有发达国家才可以做到的、必须积累各种高端技术并花费高额资本的尖端技术是必不可少的。 也就是说在机器人、医疗器械及生化等领域开发高精尖技术相当于日本的义务。

产生新技术的环境

划时代的技术说到底产生于基础研究。 新技术产生于新现象以及由理论开拓出的新领域等等。 这些只靠日本引以为豪的现场创意与改进或者传统工匠的技巧是难以做到的。 日本也试图通过大学改革增进大学与企业之间的合作，相信基础研究发展成为产品的机会将越来越多。 成果十分值得期待。

与此同时，在发达国家，统一规格产品的大量生产、大量消费的时代已经结束。 今后的产品，必须质量更高，可以满足每一个不同顾客的物质需求和精神诉求。 而开发能够以低廉成本实现多样化和个别设计的管理技术，也是企业今后需要努力的一个方向。

在产品成形的上一步——零部件的领域里，日本在全世界占据了很大份额的例子并不少见。 这些产品含有高密度的独创技术，就好比是现代版的威尼斯玻璃。 日本天然资源匮乏，所以靠这些所谓的"人造资源"与人一较高下是一条有前景的道路。

251

制造业未来的目标

下面这段内容是 100 年前的日本报纸刊登的一条科幻报道。

"远距离的照片：数十年后，当欧洲上空弥漫战火硝烟之际，东京的报社记者可以身处编辑室内，依靠电力及时获取战况信息并成像。 而其照片可呈现自然色彩。"

工厂和制造业的力量使这一科幻梦想成为了现实。 手机、因特网、网络浏览器、数码相机、矿泉水饮料等产品直到 20 世纪 90 年代还没有进入我们的生活。 而银行自动取款机、家用全自动马桶、办公室常用到的报事贴还在普及当中。

虽然在日本 20 世纪 90 年代被称作"失去的 10 年"，但即使在那样的年代，制造业仍然在改变着我们的生活，并不断创造出新的附加价值。

虽然日本的市场已经成熟，但我们消费者的需求并没有得到全部满足。 在医疗及福祉、健康、教育、环境、娱乐、食品等领域，应该还潜藏着很多身居日本国内的消费者所喜好的产品和服务。 在 2001 年采集的未来 100 年的预想当中，描述了很多关于医疗、环境、能源及食品生产领域的梦想。

"通过对大脑的研究，不用学习就能获取知识"，"再生医学得到普及"，"基因技术解决粮食问题"，"依靠太阳能发电脱离化石燃料"，"陆上交通也脱离化石燃料"，"仅使用本国母语也能自由交流"，"人类与机器人共同生活"，"建立宇宙

基地,实现太空之旅","人造生命"等等,无不充满了
幻想。

100 年后,在把传统制造业让给中国等国家后,日本的制
造业或许正在这些新领域不断前进开拓。

表 12-2 1 200 位科学家和技术工作者对 21 世纪的设想

领域	内容举例
基因技术	减少人类的疾病因子。人工生命体。
脑科学	开发可以直接记忆、从事创造活动的计算机。
医疗	再生医学、长寿化、医疗微型机器人、机器人假肢。
粮食问题	通过安全的基因技术解决粮食问题。人工光合作用。
循环型社会、经济	通过生物、纳米科技实现彻底的循环利用。
能源	太阳能发电成为主体。建立全球电力网昼夜补充。蓄热。
人类生活圈	太空城市。工业生产全部在地下完成。维持生物多样性。
20 世纪遗留问题的解决	回收、固定 CO_2。培养排除地雷的细菌。修复臭氧层。培养可以绿化荒地的植物。培养净化污染的生物。
交流	脑与脑进行直接交流。立体图像。自动翻译。世界语言。
政治	计算机化的民主主义。
交通与旅游	不使用"化石燃料"的交通工具。太空与深海旅行。空中移动。
安全与安心	预知地震。防止犯罪。防止"人工错误"。安全运输。

253

图书在版编目（CIP）数据

精益制造.16，工厂管理机制／（日）松林光男，（日）渡部弘 著；张舒鹏 译.
—北京：东方出版社，2013.5
ISBN 978-7-5060-6289-3

Ⅰ.①精… Ⅱ.①松… ②渡… ③张… Ⅲ.①制造工业—工业企业管理
Ⅳ.①F407.406

中国版本图书馆 CIP 数据核字（2013）第 094152 号

IRASUTO ZUKAI KOUJYOU NO SHIKUMI
by Mitsuo Matsubayashi/Hiroshi Watabe
Copyright © 2004 Mitsuo Matsubayashi/Hiroshi Watabe All rights reserved.
Originally published in Japan by
NIPPON JITSUGYO PUBLISHING CO.，LTD.，Tokyo.
Chinese（in Simplified character only）translation rights arranged with
NIPPON JITSUGYO PUBLISHING CO.，LTD.，Japan through
CREEK & RIVER Co.，Ltd. and CREEK & RIVER SHANGHAI Co.，Ltd.

本书中文简体字版权由北京创河商务信息咨询有限公司代理
中文简体字版专有权属东方出版社
著作权合同登记号　图字：01-2012-8680 号

精益制造016：工厂管理机制
（JINGYI ZHIZAO 016：GONGCHANG GUANLI JIZHI）

作　　者：	[日] 松林光男　　[日] 渡部弘
译　　者：	张舒鹏
责任编辑：	崔雁行　高琛倩
出　　版：	东方出版社
发　　行：	人民东方出版传媒有限公司
地　　址：	北京市西城区北三环中路 6 号
邮　　编：	100120
印　　刷：	北京楠萍印刷有限公司
版　　次：	2013 年 6 月第 1 版
印　　次：	2021 年 1 月第 5 次印刷
开　　本：	880 毫米×1230 毫米　1/32
印　　张：	8.5
字　　数：	190 千字
书　　号：	ISBN 978-7-5060-6289-3
定　　价：	32.00 元
发行电话：	（010）85924663　85924644　85924641

版权所有，违者必究
如有印装质量问题，我社负责调换，请拨打电话：（010）85924602　85924603

东方出版社助力中国制造业升级

定价：28.00 元

定价：32.00 元

定价：32.00 元

定价：32.00 元

定价：32.00 元

定价：32.00 元

定价：30.00 元

定价：30.00 元

定价：32.00 元

定价：28.00 元

定价：28.00 元

定价：36.00 元

定价：30.00 元

定价：32.00 元

定价：32.00 元

更多本系列精品图书，敬请期待！

畠山芳雄"管理的基本"全系列

定价：32.00 元

定价：30.00 元

定价：24.00 元

定价：24.00 元

定价：21.00 元

定价：20.00 元

定价：26.00 元

定价：19.00 元

定价：26.00 元

定价：29.00 元

定价：20.00 元

定价：20.00 元

定价：19.00 元

东方出版社更多精品图书　敬请期待！